CADERNO DE ATIVIDADES

Organizadora: Editora Moderna
Obra coletiva concebida, desenvolvida e produzida pela Editora Moderna.

Editora Executiva:
Ana Claudia Fernandes

5ª edição

© Editora Moderna, 2018

Coordenação editorial: Ana Claudia Fernandes
Elaboração de originais: Camila Petroni, Carlos Eduardo de Almeida Ogawa
Edição de texto: Carlos Eduardo de Almeida Ogawa, Ana Claudia Fernandes, Maiara Henrique Moreira, Bruno Cardoso Silva, Sandra Machado Ghiorzi, Leonardo Canuto de Barros, Cynthia Liz Yosimoto
Assistência editorial: Rosa Chadu Dalbem
Gerência de *design* e produção gráfica: Sandra Botelho de Carvalho Homma
Coordenação de produção: Everson de Paula, Patricia Costa
Suporte administrativo editorial: Maria de Lourdes Rodrigues
Coordenação de *design* e projetos visuais: Marta Cerqueira Leite
Projeto gráfico e capa: Daniel Messias, Otávio dos Santos
Pesquisa iconográfica para capa: Daniel Messias, Otávio dos Santos, Bruno Tonel
  Fotos: finchfocus/Shutterstock, Renato Soares/Pulsar Imagens
Coordenação de arte: Carolina de Oliveira
Edição de arte: Paula de Sá Belluomini, Tiago Gomes Alves
Editoração eletrônica: APIS design integrado
Coordenação de revisão: Maristela S. Carrasco
Revisão: Cárita Negromonte, Leandra Trindade, Vânia Bruno
Coordenação de pesquisa iconográfica: Luciano Baneza Gabarron
Pesquisa iconográfica: Vanessa Manna, Daniela Chahín Baraúna
Coordenação de *bureau*: Rubens M. Rodrigues
Tratamento de imagens: Fernando Bertolo, Joel Aparecido, Luiz Carlos Costa, Marina M. Buzzinaro
Pré-impressão: Alexandre Petreca, Everton L. de Oliveira, Marcio H. Kamoto, Vitória Sousa
Coordenação de produção industrial: Wendell Monteiro
Impressão e acabamento: Brasilform Editora e Ind. Gráfica
Lote: 277712

Dados Internacionais de Catalogação na Publicação (CIP)
(Câmara Brasileira do Livro, SP, Brasil)

Araribá plus : história : caderno de atividades / organizadora Editora Moderna ; obra coletiva concebida, desenvolvida e produzida pela Editora Moderna ; editora executiva Ana Claudia Fernandes. – 5. ed. – São Paulo : Moderna, 2018.

Obra em 4 v. para alunos do 6º ao 9º ano.
Bibliografia

1. História (Ensino fundamental) I. Fernandes, Ana Claudia.

18-16956　　　　　　　　　　　　　　　CDD-372.89

Índices para catálogo sistemático:
1. História : Ensino fundamental　372.89

Maria Alice Ferreira – Bibliotecária – CRB-8/7964

ISBN 978-85-16-11200-4 (LA)
ISBN 978-85-16-11201-1 (LP)

Reprodução proibida. Art. 184 do Código Penal e Lei 9.610 de 19 de fevereiro de 1998.
Todos os direitos reservados
EDITORA MODERNA LTDA.
Rua Padre Adelino, 758 – Belenzinho
São Paulo – SP – Brasil – CEP 03303-904
Vendas e Atendimento: Tel. (0_ _11) 2602-5510
Fax (0_ _11) 2790-1501
www.moderna.com.br
2019
Impresso no Brasil

1　3　5　7　9　10　8　6　4　2

Imagens de capa

Kuarup na aldeia Tuatuari, da etnia Yawalapiti, em Gaúcha do Norte (MT). Foto de 2003; filmadora profissional.

Neste livro, estudaremos a chamada história moderna, período que engloba desde a formação das monarquias centralizadas europeias até o Brasil colônia. Entre os assuntos estudados estarão as sociedades pré-cabralinas: seus costumes, seus modos de organização social, suas celebrações (como retratado na capa).

SUMÁRIO

UNIDADE 1 A emergência do mundo moderno 4

UNIDADE 2 Renascimento e reformas religiosas 12

UNIDADE 3 As viagens marítimas europeias.. 21

UNIDADE 4 A conquista e a colonização espanhola na América 32

UNIDADE 5 Portugueses na América: conquista e colonização.......... 42

UNIDADE 6 As terras do Atlântico interligadas pela escravidão 50

UNIDADE 7 Crise na Europa e reações na colônia.................................. 57

UNIDADE 8 A expansão da América portuguesa 65

UNIDADE 1 A EMERGÊNCIA DO MUNDO MODERNO

RECAPITULANDO

AS CRISES DO FEUDALISMO: FOME, EPIDEMIAS E REBELIÕES

O feudalismo na Europa entrou em crise no século XIV. A fome foi um dos motivos para a crise, pois para acompanhar o crescimento populacional, a agricultura avançou sobre solos pouco férteis. Fatores climáticos também colaboraram para que houvesse períodos de más colheitas e as crises de desabastecimento nas cidades e nos campos tornaram-se frequentes.

Em 1347, teve início a epidemia da doença conhecida como **peste negra** ou **bubônica**. Acredita-se que a peste foi transmitida por pulgas que se contaminaram com a bactéria *Yersinia pestis* ao parasitar roedores vindos pelo mar Mediterrâneo em navios mercantes da Ásia Central.

Mais de um terço da população europeia morreu em decorrência da peste. Diante das consequências da epidemia, temas como o medo, a destruição e a morte passaram a ser representados na pintura e na literatura. A peste também foi responsável pela diminuição da atividade econômica.

Somados a esses fatores, as guerras na Europa e os tributos cobrados pela Igreja e pelos senhores feudais contribuíram para as rebeliões camponesas do século XIV. Na França, as revoltas conhecidas como ***jacqueries***, na década de 1350, foram duramente reprimidas pela nobreza.

O PROCESSO DE CENTRALIZAÇÃO POLÍTICA NA EUROPA

Entre os séculos XI e XIV, ao mesmo tempo que algumas monarquias europeias se fortaleciam, diversas transformações econômicas e sociais favoreceram a **burguesia**. Para esse grupo social, a fragmentação do poder político prejudicava o comércio, com o excesso de taxas cobradas pelos senhores feudais e a ausência de padronização de leis, impostos, pesos e medidas.

A Igreja e grande parte dos senhores feudais resistiram à centralização monárquica, pois temiam a diminuição do seu poder. Mesmo assim, os reis conseguiram impor sua autoridade sobre os habitantes de determinados territórios, principalmente ao formar exércitos, estabelecendo o **Estado moderno**.

Centralização do poder real

- Unificação da moeda, das leis, dos impostos e dos pesos e medidas
- Criação de um corpo de funcionários públicos
- Manutenção dos privilégios da nobreza
- Enfraquecimento militar da nobreza e controle sobre a Igreja

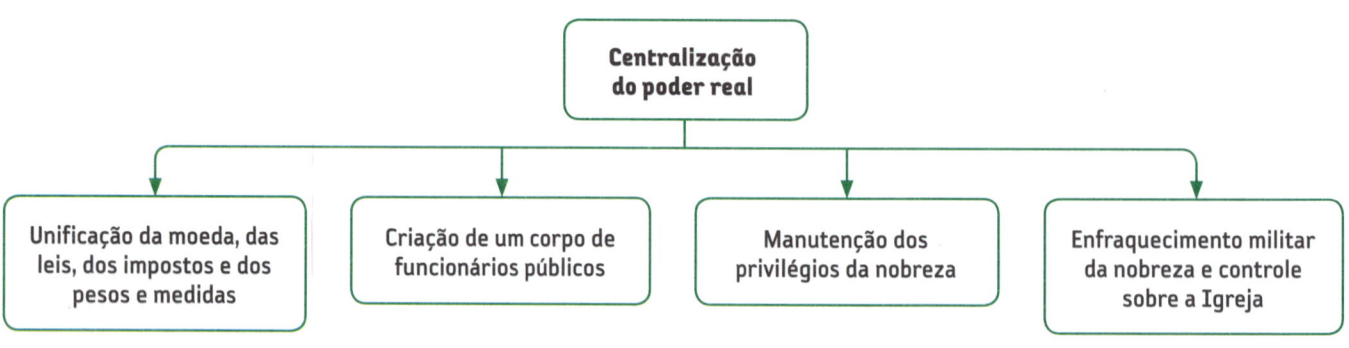

Os reinos ibéricos de Portugal e de Espanha foram os primeiros da Europa a ter monarquias centralizadas. O reino português foi formado no século XI, durante a Reconquista (expulsão dos califados islâmicos da Península Ibérica), com o apoio de Henrique de Borgonha, que, ao casar-se com D. Teresa, filha do rei Afonso VI de Leão e Castela, recebeu o **Condado Portucalense**. Em 1139, seu filho, Afonso Henrique, proclamou-se rei de Portugal.

O **Reino da Espanha** teve origem no casamento de Fernando, herdeiro do trono de Aragão, e Isabel, irmã do rei de Leão e Castela, e foi fundado em 1492, com a expulsão definitiva dos árabes da Península Ibérica.

Na França, os reis da dinastia capetíngia aumentaram progressivamente seu poder por meio de medidas como a criação de impostos e de taxas sobre os bens da Igreja. Muitos nobres morreram nas batalhas da **Guerra dos Cem Anos** (1337-1453), entre França e Inglaterra, e a nobreza, enfraquecida, aliou-se à Coroa.

Na Inglaterra, Guilherme, o Conquistador, no século XII, confiscou terras da população e criou milhares de feudos que ficaram sob seu controle. Em 1215, durante o reinado de João Sem Terra, nobres, clérigos e burgueses impuseram ao rei a Magna Carta, obrigando-o a obedecer às leis do reino e limitando seu poder.

CIVILIZAÇÕES DA AMÉRICA PRÉ-COLOMBIANA

Na América, antes da chegada de Cristóvão Colombo, em 1492, havia grande diversidade de povos. Entre eles estavam os maias, civilização da América Central que atingiu o auge de seu desenvolvimento entre 250 e 900 d.C.

Os maias viviam em cidades-Estado governadas por um chefe hereditário, que exercia funções políticas e religiosas, auxiliado por uma elite de líderes tribais, nobres guerreiros e sacerdotes. A agricultura era a base de sua economia.

POVOS DA AMÉRICA PRÉ-COLOMBIANA (C. 900-1520)

Fontes: VICENTINO, Cláudio. *Atlas histórico: geral e do Brasil*. São Paulo: Scipione, 2011. p. 52; SOLIS, Felipe. Posclásico tardío (1200/1300-1521 d.C.); Tiempo mesoamericano (2500 a.C.-1521 d.C.). *Arqueología Mexicana*. Edición especial. México (DF): Raíces/ Instituto Nacional de Antropología e Historia, 2001. p 65.

A civilização **asteca** se desenvolveu na Mesoamérica no século XII e formou um grande império, para o qual os povos subjugados pagavam tributos. Os astecas cultivavam o milho, o feijão, o algodão e o tabaco, além de criar animais e praticar o artesanato.

Tenochtitlán, a capital do império, ficava no meio de um lago salgado. A sociedade era dirigida por uma aristocracia militar e sacerdotal sob o comando do imperador, e os camponeses, além de prestar serviços ao Estado, participavam do exército.

Na América do Sul, no século XV, os **incas**, de língua quéchua, formaram um grande império nas terras andinas, o **Tahuantinsuyo**, composto de mais de cem grupos étnicos distintos. As comunidades familiares (*ayllus*) eram administradas por um chefe (*kuraka*), que organizava o trabalho, garantia a segurança e a sobrevivência da população e cobrava os tributos.

A base da economia inca também era a agricultura, principalmente o cultivo do milho, do feijão, da batata e do algodão. Além da agricultura, os incas obtinham leite, carne e lã de alpacas e lhamas e praticavam o artesanato.

O *Sapa Inca*, a autoridade mais alta do império, era o representante do Sol e contava com vários funcionários administrativos. Os incas mumificavam os mortos e utilizavam o *quipu* para registrar dados que auxiliavam na administração do império.

É importante lembrar que os maias, astecas e incas não desapareceram após a conquista europeia. Muitos povos indígenas mantiveram costumes anteriores à colonização, e as línguas maia e quéchua ainda são faladas por milhões de pessoas.

REINOS E IMPÉRIOS NA ÁFRICA SUBSAARIANA

A África, assim como a Europa e a América, abrigou diferentes povos, muitos deles organizados em reinos e impérios, principalmente na região do Sahel, ao sul do deserto do Saara. O mais antigo deles, o **Reino de Gana**, estabeleceu-se por volta do ano 300, e se tornou conhecido por esse nome porque *gana* era o título dado ao rei. A principal cidade do reino, Kumbi Saleh, atingiu seu esplendor entre os séculos XIII e XIV.

Na "terra do ouro", como era chamada pelos árabes, trocava-se o minério por sal, que era utilizado como moeda e para conservar alimentos. Praticava-se o comércio de longa distância, que favoreceu a difusão do islã no reino, por intermédio de mercadores árabes e líderes religiosos vindos do norte da África.

O islamismo ajudou a fortalecer o poder real e a reunir diferentes povos sob o domínio do Império de Gana. O islã transformou-se em uma religião de Estado, porém muitas crenças tradicionais se mantiveram na região.

O **Império do Mali** floresceu na região do Sahel entre os séculos XIII e XVI. Inicialmente, era um reino tributário de Gana habitado pelos **malinquês**, em sua maior parte adeptos do islamismo.

Os imperadores do Mali recebiam o título de **mansa** (rei dos reis), e entre os principais deles estavam o fundador do reino, Sundiata Keita, e Mansa Musa, que organizou o império em províncias e o ampliou.

O império controlava o comércio de caravanas que cruzavam o Saara e cobrava taxas sobre diversos produtos, mas a população não se beneficiava dessa riqueza. Os habitantes do Mali moravam em vilarejos e praticavam a agricultura, a criação de animais, a pesca e o artesanato.

No século XIII, durante o governo de Mansa Musa, as cidades de Timbuctu e Djenné foram incorporadas ao Império do Mali e transformadas em grandes centros cosmopolitas. Timbuctu foi um ponto de encontro de intelectuais árabes; nas universidades locais promovia-se o estudo de diversas disciplinas e do *Alcorão*.

Teste e aprimore seus conhecimentos com as atividades a seguir.

1. Complete a cruzadinha sobre a crise da Europa feudal.

   a) Nome do sistema social que entrou em crise na Europa Ocidental no século XIV.
   b) Ao parasitar os seres humanos, transmitia a peste negra.
   c) Decorreu do cultivo agrícola em solos pobres e de fatores climáticos desfavoráveis.
   d) Nome da bactéria que causa a peste bubônica, também conhecida como peste negra.
   e) Mar por onde chegaram à Europa as embarcações com os ratos contaminados com a peste negra.
   f) Nome das rebeliões nos feudos franceses na década de 1350.

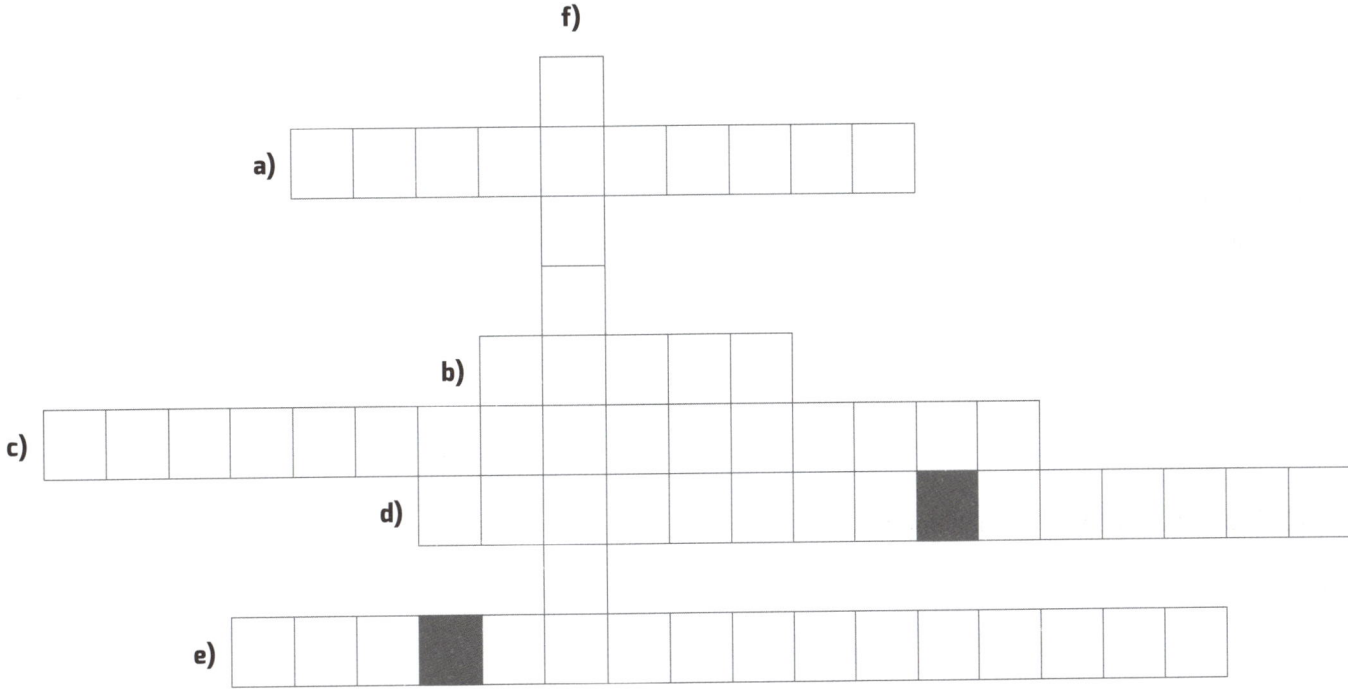

2. Relacione a imagem ao lado com o contexto cultural europeu dos séculos XIV e XV.

_____
_____
_____
_____
_____
_____

Gravura do livro *A arte da boa morte*, manual cristão de autor desconhecido do século XV.

3. Ao longo dos séculos XIV e XV ocorreram diversas revoltas de camponeses e de trabalhadores urbanos. Na Inglaterra, a rebelião de 1381 foi tão impactante que um dos líderes do movimento, o padre John Ball, declarou:

"Boas gentes, as coisas não podem ir bem na Inglaterra e elas só irão quando os bens forem possuídos em comum, quando não mais haverá nem vilãos ['plebeus'] nem gentis-homens ['nobres'] e quando formos inteiramente iguais".

In: ESPINOSA, Fernanda. *Antologia de textos históricos medievais.* Lisboa: Livraria Sá da Costa, 1981. p. 287-288.

a) A que grupo social pertencia o autor do texto?

_____
_____
_____
_____

b) Segundo o padre, "as coisas" não estavam indo bem na Inglaterra. De acordo com seus conhecimentos sobre o contexto social da Europa no século XIV, qual poderia ser o significado dessa expressão?

_____
_____
_____
_____

c) Qual era a proposta de John Ball para acabar com os problemas que atingiam a Inglaterra?

_____
_____
_____
_____

4. Leia as afirmativas a seguir sobre a formação dos primeiros Estados modernos na Europa.

I. A nascente burguesia lutou contra a centralização do poder pelos reis.

II. O processo de Reconquista foi a retomada por parte dos cristãos dos territórios dominados pelos muçulmanos na Península Ibérica.

III. O Reino da Espanha formou-se após o casamento entre os monarcas dos reinos de Castela e de Aragão.

IV. O território que atualmente pertence a Portugal formou-se depois de uma guerra separatista entre uma família de nobres e os reis da Espanha.

V. A Magna Carta, assinada em 1215, limitou os poderes do rei na Inglaterra.

Assinale a alternativa que indica as afirmativas INCORRETAS.

a) I, II e V.
b) I e IV.
c) III e IV.
d) III e V.
e) IV e V.

5. Classifique as afirmativas a seguir em verdadeiras (V) ou falsas (F). Em seguida, reescreva as falsas, corrigindo-as.

   a) ( ) A formação dos Estados nacionais modernos ocorreu ao mesmo tempo em Portugal, na Espanha, na França e na Inglaterra.

   b) ( ) A Reconquista foi o processo de retomada pelos cristãos dos territórios conquistados pelos muçulmanos na Península Ibérica.

   c) ( ) O Estado moderno se consolidou na Espanha após a expulsão dos árabes que ainda resistiam no extremo sul da península, em 1492.

   d) ( ) A nobreza, que detinha grande parte do poder político e econômico na França, apoiou a centralização do poder pela monarquia.

   e) ( ) A Magna Carta, assinada em 1215, limitou os poderes da monarquia inglesa.

   _____
   _____
   _____
   _____
   _____

6. Sobre as civilizações maia, asteca e inca:

   a) descreva dois aspectos políticos de cada uma delas.

   _____
   _____
   _____
   _____
   _____

   b) mencione uma característica econômica comum a essas três civilizações.

   _____
   _____
   _____
   _____

Leia o texto e observe a imagem da página seguinte para responder às questões 7 e 8.

Importante fonte para o estudo das civilizações mesoamericanas, os códices são obras elaboradas por escribas astecas e por outros habitantes da região do México, antes e depois da conquista espanhola. Por meio de textos e ilustrações, esses documentos descrevem aspectos da sociedade e da vida cotidiana, além de eventos marcantes da sua história. Um dos códices mais conhecidos é o *Códice Mendoza*, produzido entre 1541 e 1542, que narra também as conquistas territoriais astecas.

Ilustração do *Códice Mendoza*, de c. 1541, representando diferentes momentos da carreira de um sacerdote-guerreiro asteca, além dos escravos que capturou.

7. Sobre os códices mesoamericanos, responda às questões.

a) O que eram?

b) Que informações podem ser obtidas por meio da análise dos códices?

8. Que importante característica da sociedade asteca está representada na imagem? Explique.

9. Complete o quadro a seguir com informações sobre o Reino de Gana e o Império do Mali.

	Reino de Gana	Império do Mali
Período em que se desenvolveu		
Principais atividades econômicas		
Principal(is) cidade(s)		
Título dado ao governante		

10. Complete o texto a seguir com as palavras do quadro. Algumas palavras não serão utilizadas.

> Mali   ouro   arroz   islâmica   Sahel   Gana   comércio
> sal   mercadores   extrativismo

Importantes reinos e impérios africanos se desenvolveram às margens dos rios Senegal, Gâmbia e Níger, na região do _____. O Reino de _____ foi o mais antigo e destacou-se pelo _____ de longa distância. _____ árabes do norte da África trocavam _____ por diversos artigos, principalmente _____. Por meio desses contatos, costumes e crenças foram sendo difundidos, entre eles a religião _____.

11. O Deserto do Saara não foi um obstáculo para a integração dos povos de diferentes regiões da África. Explique essa afirmação.

_____
_____
_____
_____

UNIDADE 2 RENASCIMENTO E REFORMAS RELIGIOSAS

RECAPITULANDO

O HUMANISMO: UMA NOVA VISÃO DE MUNDO

Na Europa Ocidental, até o século XI, o clero católico dirigia o estudo e o conhecimento, e acreditava-se no **teocentrismo**, isto é, que Deus era o centro do universo. Com base no **pensamento escolástico**, dominante nas universidades, buscava-se conciliar a fé com a razão.

A partir de então, iniciou-se uma série de transformações sociais, como a urbanização, a expansão do comércio e o enriquecimento da burguesia. Nesse contexto de mudanças, entre os séculos XIV e XV, artistas, escritores e estudiosos começaram a se inspirar na **Antiguidade clássica** para renovar seus trabalhos. Os artistas da época usaram o termo **Renascimento** para descrever esse movimento.

O **humanismo**, movimento intelectual do Renascimento, voltava-se para a busca do conhecimento sobre o ser humano e a natureza por meio da **razão** e do **raciocínio lógico**. Os humanistas defendiam uma existência mais ativa no lugar da contemplação medieval, com base em uma concepção **antropocêntrica**, de acordo com a qual o ser humano seria o centro do universo.

Esse movimento também estava associado ao otimismo, ao individualismo e à competição, próprios do mundo burguês.

O RENASCIMENTO NAS CIÊNCIAS E NAS ARTES

A partir do século XV, os humanistas recorreram à observação da natureza e à **experimentação** para fazer descobertas científicas e criar inovações técnicas. Alguns nomes que se destacaram foram Nicolau Copérnico (1473-1543), Johannes Kepler (1571-1630) e Galileu Galilei (1564-1642).

As ideias e atitudes dos humanistas eram consideradas ameaças à doutrina da Igreja. Em razão disso, vários pensadores, como Galileu e Giordano Bruno (1548-1600), foram perseguidos, pressionados e condenados pelo Tribunal do Santo Ofício da Inquisição.

Em 1450, o alemão Johannes Gutenberg desenvolveu a prensa de caracteres móveis, tornando a produção de livros mais barata e mais rápida. A circulação de conhecimento por meio dos livros impressos favoreceu a criação de instituições de ensino não religiosas, que promoviam o ideal humanista de divulgar o conhecimento crítico e reflexivo.

No campo das artes, o chamado Renascimento teve início no fim do século XIV em cidades italianas como Florença e Veneza, que se tornaram prósperas por meio do comércio. Nelas, parte da burguesia descobriu nas obras de arte um meio de expressar seu poder e sua riqueza.

Os burgueses dessas cidades atuavam como **mecenas**, protetores e patrocinadores dos artistas. Alguns papas também investiram nas artes como forma de reforçar o poder da Igreja.

Giotto di Bondone (1267-1337) produziu as primeiras pinturas nas quais é possível notar a impressão de profundidade na representação de espaços, pessoas e objetos. Por isso, é considerado o precursor do Renascimento. Desde então, os pintores renascentistas passaram a recorrer à técnica da **perspectiva** (impressão de profundidade e volume) e à de **luz e sombra** (representação de cenas, emoções e movimentos).

O Renascimento atingiu o esplendor em Roma, entre 1450 e 1530, período conhecido como **Alta Renascença**. Entre os artistas que foram atraídos para Roma, estavam Michelangelo (1475-1564), Rafael Sanzio (1483-1520) e Leonardo da Vinci (1452-1519). Em Veneza, o principal artista desse período foi o pintor Ticiano Vecellio (1488-1576).

A pintura renascentista abordava temas mitológicos e bíblicos, mostrando a síntese do pensamento medieval com a busca pelos ideais da Antiguidade clássica.

O Renascimento se espalhou para o norte da Europa, tendo destaque o trabalho de Jan van Eyck (1390-1441), dos Países Baixos, e Albrecht Dürer (1471-1528), da Alemanha.

A REFORMA PROTESTANTE: UMA NOVA DIVISÃO NA CRISTANDADE

No século XVI, a Igreja foi abalada por críticas contra o luxo e o comportamento de parte do clero. Nesse contexto teve início a **Reforma Protestante** na região da Saxônia, na atual Alemanha.

Em 1517, o monge **Martinho Lutero** apresentou suas **95 teses** com denúncias e críticas à Igreja em reação à autorização dada pelo papa Leão X para a venda de indulgências. Em 1520, a Igreja ameaçou Lutero de excomunhão caso não se retratasse, mas ele manteve seu posicionamento.

Os princípios do luteranismo foram reunidos na **Confissão de Augsburgo** (1530). A doutrina luterana teve grande alcance social no centro-norte europeu e despertou o interesse da nobreza, que viu a oportunidade de se libertar da autoridade de Roma e confiscar terras e bens da Igreja, e dos camponeses, que viram a oportunidade de se libertar dos tributos cobrados pelo clero.

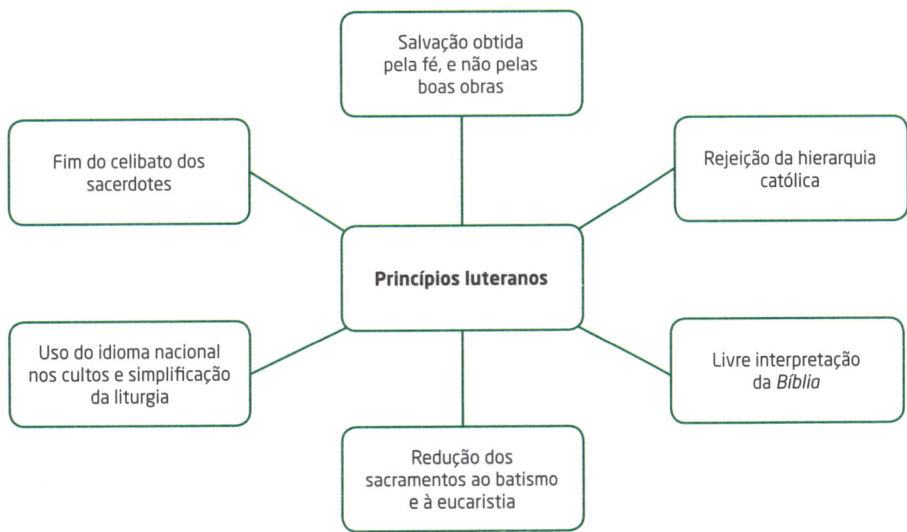

As ideias de Lutero inspiraram outros movimentos, como o liderado pelo francês **João Calvino**. A doutrina religiosa calvinista era baseada na ideia da **predestinação absoluta**, ou seja, na crença de que os indivíduos já nasciam salvos ou condenados.

Para Calvino, os bens materiais eram considerados frutos da generosidade divina e os cristãos deveriam ter uma vida austera. Após sua morte, seus seguidores passaram a interpretar a prosperidade como sinal da graça divina, e a doutrina teve forte apoio da burguesia.

A **Reforma Anglicana** foi realizada pelo rei **Henrique VIII**. Ele rompeu com a Igreja e, em 1534, decretou o **Ato de Supremacia**, tornando-se o chefe da Igreja na Inglaterra, com o apoio do Parlamento.

A REFORMA CATÓLICA E SEUS IMPACTOS NA EUROPA E NO MUNDO

A adesão à Reforma pressionou a Igreja Católica a reconhecer que precisava de mudanças, iniciando um processo de reestruturação interna. Assim, iniciou-se a **Contrarreforma**, ou **Reforma Católica**.

No **Concílio de Trento** (1545-1563), convocado pelo papa Paulo III, a Igreja reafirmou dogmas e ritos católicos, como a salvação pela fé e pelas boas obras, a presença de Cristo na eucaristia, a autoridade do papa, a hierarquia eclesiástica, o celibato do clero, os sete sacramentos e o uso do latim na missa. A venda de indulgências e de cargos eclesiásticos foi condenada, e ficou estabelecido que o clero seria formado em seminários e os fiéis, na catequese.

Outra medida do Concílio de Trento foi o reestabelecimento do **Tribunal do Santo Ofício da Inquisição**, criado originalmente em 1231 para vigiar, julgar e punir os acusados de heresia (conduta contrária à doutrina da Igreja). O mesmo Tribunal elaborou o **Índice de Livros Proibidos**, uma lista de livros considerados prejudiciais à fé e, por isso, censurados.

A **Companhia de Jesus**, fundada em 1534 por Inácio de Loyola, também atuou para combater a expansão do protestantismo. Na Europa, os jesuítas atuaram principalmente no ensino. Na Ásia, na África e na América, eles se dedicaram a catequizar as populações nativas.

Teste e aprimore seus conhecimentos com as atividades a seguir.

1. Relacione corretamente as colunas a seguir.

1. Teocentrismo
2. Renascimento
3. Humanismo
4. Antropocentrismo

( ) Movimento de valorização da razão e do raciocínio lógico na busca pelo conhecimento.

( ) Visão de acordo com a qual o ser humano era considerado o centro do universo.

( ) Movimento inspirado na cultura greco-romana e que influenciou intensamente a filosofia, as ciências e as artes.

( ) Visão defendida pelo clero, na qual Deus era considerado o centro do universo.

2. Leia o texto a seguir e responda às perguntas.

"A ideia, carregada de otimismo e fervor revolucionário, vinha acompanhada da imagem inaugural de 'trazer à luz', subtrair ao esquecimento a grandiosidade da cultura do passado, sepultada pelas 'trevas' da Idade Média. Louvava-se o presente [...] e abominava-se o passado imediatamente anterior, considerado obscurantista pela sensibilidade dos humanistas. [...]

[...] As pesquisas do último século desmistificaram a ideia de 'Idade das Trevas' e se dedicaram a identificar os inúmeros vínculos entre a Idade Média e o Renascimento. Os resultados alcançados puderam demonstrar que ao longo dos séculos, não propriamente de trevas, a tradição clássica não havia desaparecido completamente. As ideias, formas e imagens herdadas da Antiguidade haviam sobrevivido [...] em diferentes manifestações culturais e artísticas [...]."

BYINGTON, Elisa. *O projeto do Renascimento*. Rio de Janeiro: Jorge Zahar Editor, 2009. p. 9-10.

Obscurantismo: estado completo de ignorância; ausência de progresso.

Desmistificar: anular os mistérios em torno de algo.

a) De acordo com o texto, é correto afirmar que a Idade Média era uma "Idade das Trevas"?

b) Os renascentistas conseguiram atingir o objetivo de fazer renascer a cultura greco-romana da Antiguidade? Justifique.

3. Observe as imagens a seguir e responda às perguntas.

Monge copista representado na imagem de um manuscrito do século XIV.

Produção de livro em uma oficina tipográfica representada em uma imagem do século XV.

a) De acordo com as imagens, qual é a principal diferença entre o trabalho dos monges copistas e a produção de livros feita com a prensa?

_____

_____

_____

_____

b) Como o desenvolvimento da prensa de tipos móveis, em 1450, favoreceu a difusão das ideias humanistas?

_____

_____

_____

_____

c) Atualmente, muitos livros são comercializados também na versão digital. Na sua opinião, qual o impacto desse novo formato na difusão do conhecimento?

_____

_____

_____

_____

4. Responda às questões a seguir sobre o Renascimento e o humanismo.

a) Quais foram as transformações sociais ocorridas durante a Baixa Idade Média que favoreceram o desenvolvimento das ideias renascentistas?

_____
_____

b) Que princípios os humanistas adotaram para explicar os fenômenos da natureza, como o funcionamento do corpo humano?

_____
_____
_____

c) É possível dizer que as ideias humanistas estavam em conflito com os valores e a doutrina católica do período medieval? Justifique sua resposta.

_____
_____
_____
_____

5. Observe os esquemas abaixo, identifique qual deles representa a teoria desenvolvida durante o humanismo e justifique sua resposta.

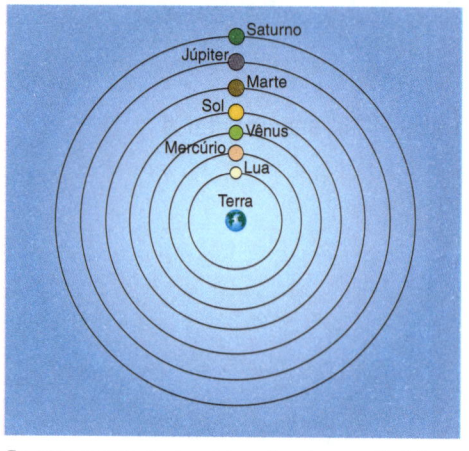

Esquema que representa a teoria geocêntrica.

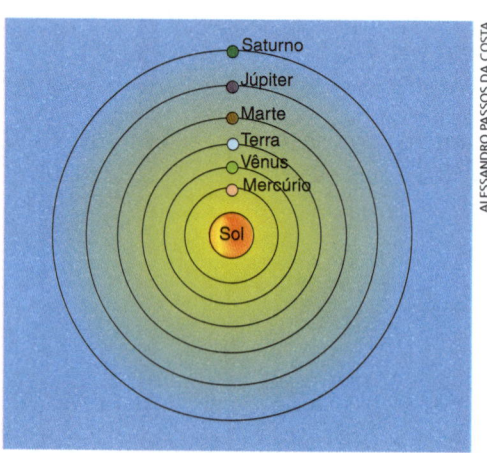

Esquema que representa a teoria heliocêntrica.

_____
_____
_____
_____

6. Analise as obras a seguir e responda às perguntas.

Minerva e o centauro,
pintura de Sandro Botticelli, c. 1482.

O casal Arnolfini,
pintura de Jan van Eyck, 1434.

a) Com base na observação das duas pinturas, aponte uma das principais diferenças entre o Renascimento italiano e o do norte da Europa.

_____
_____
_____
_____

b) Que semelhanças visuais entre as duas pinturas estão relacionadas ao Renascimento?

_____
_____
_____

c) Podemos relacionar as duas obras a algum valor do humanismo? Justifique.

_____
_____
_____

7. A charge ao lado aborda, de forma bem-humorada, duas visões opostas durante o período do Renascimento. Que visões são essas e que personagens as representam?

O argumento de Galileu com a Igreja, charge de Chris Madden, sem data.

_____
_____
_____

8. Complete o diagrama sobre a Reforma Protestante na Europa.

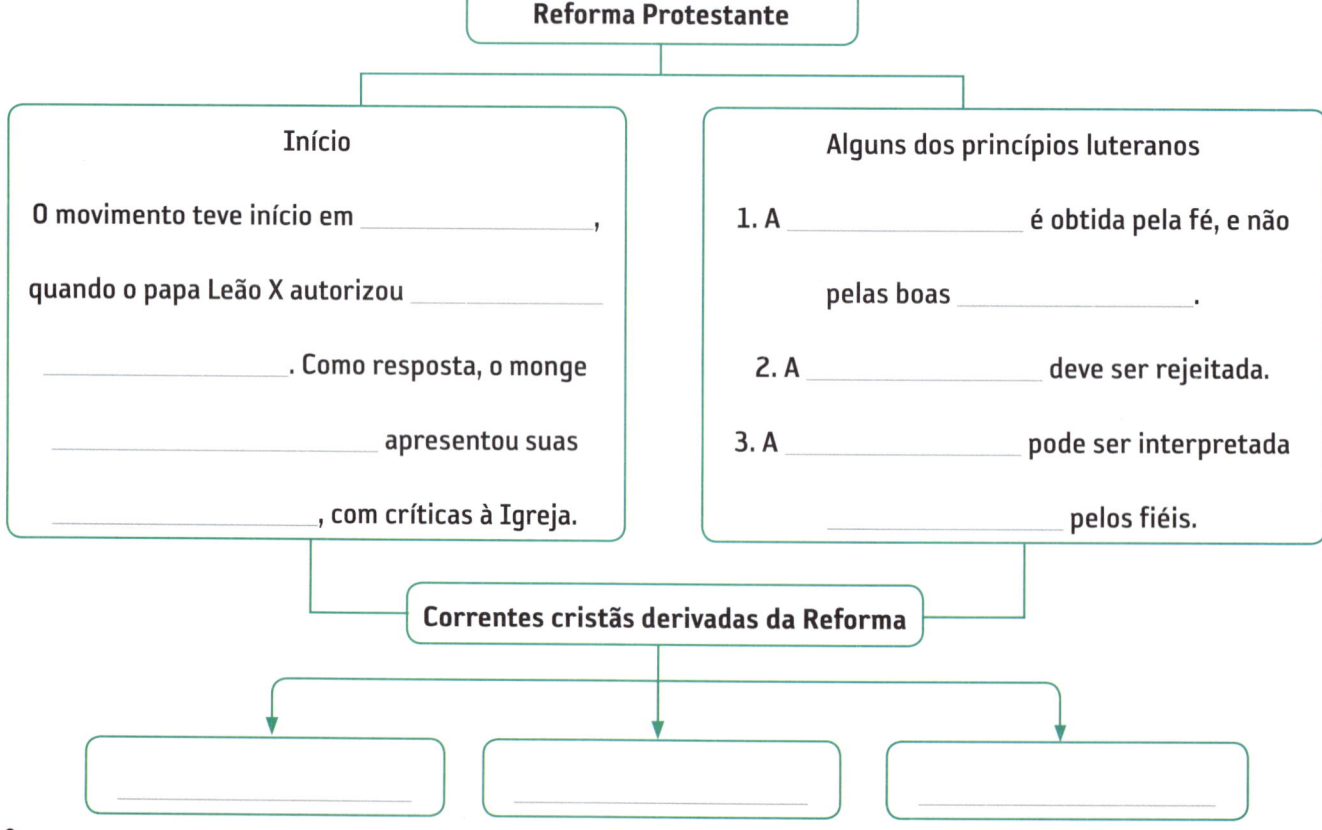

Reforma Protestante

Início

O movimento teve início em _____, quando o papa Leão X autorizou _____. Como resposta, o monge _____ apresentou suas _____, com críticas à Igreja.

Alguns dos princípios luteranos

1. A _____ é obtida pela fé, e não pelas boas _____.

2. A _____ deve ser rejeitada.

3. A _____ pode ser interpretada _____ pelos fiéis.

Correntes cristãs derivadas da Reforma

9. Identifique com C as afirmativas relacionadas ao calvinismo e com A as que dizem respeito ao anglicanismo.

   a) ( ) Criado pelo francês João Calvino.

   b) ( ) Tem origem nos conflitos políticos entre a monarquia e o clero.

   c) ( ) De acordo com essa doutrina, o líder da Igreja é o rei ou a rainha da Inglaterra.

   d) ( ) De acordo com essa doutrina, a prosperidade e a riqueza são sinais da graça divina.

   e) ( ) De acordo com essa doutrina, o destino de todas as pessoas foi predestinado por Deus.

10. Assinale a alternativa que corresponde aos objetivos da Companhia de Jesus.

    a) Atuou na área de ensino, inclusive na catequização de povos nativos na Ásia, na América e na África, reforçando os valores católicos.

    b) Junto ao tribunal do Santo Ofício, visava combater a expansão dos ideais protestantes exclusivamente na Europa.

    c) Defendia a propagação dos ideais protestantes da Igreja Anglicana após o Ato de Supremacia.

    d) Foi convocada pelo papa Paulo III para reafirmar os dogmas e ritos católicos.

    e) Difundiu as teses do monge Martinho Lutero no centro-norte europeu.

11. Classifique as afirmativas a seguir em verdadeiras (V) ou falsas (F). Em seguida, reescreva as falsas, corrigindo-as.

    a) ( ) Durante o século XVI, na Europa, católicos e protestantes conviviam harmoniosamente.

    b) ( ) A Reforma Católica foi um movimento de reestruturação da Igreja e de reação diante do avanço do protestantismo.

    c) ( ) Na Inglaterra, o rei Henrique VIII formou uma aliança com a Igreja Católica para combater a Reforma Protestante.

    d) ( ) Os protestantes eram favoráveis à venda de indulgências e acreditavam que apenas um sacerdote poderia interpretar a *Bíblia*.

    e) ( ) O Tribunal de Santo Ofício, o *Index* de livros proibidos e o catecismo foram alguns dos meios empregados pela Igreja Católica no movimento da Contrarreforma.

    f) ( ) O Renascimento e a Reforma Protestante foram transformações importantes que marcaram a passagem da Idade Média para a Idade Moderna na Europa e expressaram, entre outros aspectos, o crescente fortalecimento da burguesia.

12. Complete as lacunas do texto com os termos do quadro. Alguns não serão utilizados.

> políticas   papa   econômicas   Ato de Supremacia   propriedades monásticas
> Concílio de Trento   trono   Igreja Anglicana   chefe supremo   Igreja Católica

O movimento reformista na Inglaterra foi desencadeado mais por questões _____ do que religiosas. O rei Henrique VIII desejava cancelar seu casamento com Catarina de Aragão, pois acreditava que ela não podia gestar um herdeiro para o _____ inglês. Como o _____ recusou o pedido real, Henrique VIII, em 1531, rompeu com a _____. Em 1534, o Parlamento inglês aprovou o _____, que elevou o rei à condição de _____ da Igreja na Inglaterra. Essa foi a origem da _____.

13. Leia o texto a seguir e responda às questões.

"a) Por decreto de Deus, para manifestação de sua glória, alguns homens e anjos são predestinados à vida eterna e outros são predestinados à morte eterna;

b) Aqueles do gênero humano que estão predestinados à vida foram escolhidos para a glória com Cristo por Deus, [...] segundo sua finalidade eterna e imutável, [...] e tudo para louvor de sua gloriosa graça;

c) Foi do agrado de Deus [...], para a glória de Seu soberano poder sobre as suas criaturas, dispensar o resto da humanidade, condená-las à desonra e à ira por seu pecado, para louvor de sua gloriosa justiça."

Trecho da Confissão de Westminster, redigida por pastores calvinistas em 1547. In: LUIZETTO, Flavio. *Reformas religiosas*. 3. ed. São Paulo: Contexto, 1994. p. 47.

a) Identifique um dos princípios centrais da doutrina calvinista presente nesse texto.

_____
_____
_____
_____

b) Estabeleça a diferença, no que diz respeito à salvação dos homens, entre a doutrina calvinista, a católica e a luterana.

_____
_____
_____
_____
_____
_____

UNIDADE 3 AS VIAGENS MARÍTIMAS EUROPEIAS

RECAPITULANDO

AS MOTIVAÇÕES PARA A EXPANSÃO MARÍTIMA EUROPEIA

Até o século XIV, o conhecimento geográfico dos europeus se reduzia à Europa, ao norte da África e a partes da Ásia. Eles tinham medo de percorrer regiões desconhecidas por acreditar que esses locais abrigavam monstros. Ainda assim, partiram para grandes viagens marítimas no século XV, enfrentando medos e desafios.

A expansão marítima só foi possível por causa do processo de centralização política dos Estados modernos na Europa a partir do século XII, que favoreceu a atuação da burguesia.

A centralização monárquica se acentuou no século XV, quando os reis **consolidaram seu poder** em todo o território do reino por meio de mecanismos como a cobrança de impostos, a imposição de moedas de circulação nacional, a contratação de um corpo de funcionários reais e, principalmente, a formação de exércitos.

A burguesia beneficiou-se da centralização monárquica e, em vez de pagar taxas e impostos aos muitos senhores feudais, passou a pagá-los diretamente para a Coroa. A fim de se ajustar a essa nova situação, as monarquias adotaram um conjunto de medidas conhecidas como **mercantilismo**.

Principais práticas mercantilistas

- **Metalismo**
A riqueza de um reino era medida pela quantidade de metais nobres que possuía.

- **Balança comercial favorável**
O volume das exportações do país devia ser maior do que o das importações.

- **Estímulo às manufaturas**
A produção manufatureira era estimulada para abastecimento do mercado interno e aumento das exportações.

A **Queda do Império Bizantino**, em 1453, fez ressurgir na Europa ocidental o ideal cruzadístico de séculos anteriores. A burguesia viu nesse processo uma oportunidade para estabelecer novas rotas e **redes mercantis** com o Oriente.

As viagens marítimas também foram possibilitadas pelos avanços técnicos introduzidos pelos humanistas. Entre as inovações náuticas, estavam a **bússola**, o **astrolábio** e as **caravelas**. Com a ajuda delas, os europeus conseguiram desbravar os oceanos.

AS VIAGENS MARÍTIMAS PORTUGUESAS

Um dos fatores que contribuíram para o pioneirismo de Portugal nos mares foi a troca de saberes entre cristãos e muçulmanos.

Por causa da **posição geográfica** do reino de Portugal, na costa leste da Europa, os portos de Lisboa e da cidade do Porto se tornaram importantes centros comerciais.

Desejando controlar parte das rotas marítimas do Mediterrâneo, Portugal partiu para a conquista de Ceuta, um importante entreposto comercial muçulmano no norte da África. Nos anos seguintes, os portugueses continuaram a explorar a costa da África, instalando feitorias e praticando o comércio.

Na segunda metade do século XIV, eles tentaram contornar o continente africano com o objetivo de chegar às Índias. A expedição de Bartolomeu Dias (1487-1488) contornou o Cabo da Boa Esperança, no sul da África. Dez anos depois, Vasco da Gama alcançou Calicute, na Índia, região produtora de especiarias, tornando Portugal o maior fornecedor dessas mercadorias na Europa.

Em 1500, a expedição de **Pedro Álvares Cabral** desviou-se de sua rota original, em direção às Índias, e chegou ao sul do atual estado da Bahia, em 22 de abril, local que ele batizou como **Terra de Santa Cruz**. Como não encontrou metais preciosos no local, a Coroa portuguesa não colonizou imediatamente o território.

AS VIAGENS MARÍTIMAS ESPANHOLAS

Os espanhóis iniciaram suas viagens marítimas em 1492, em uma expedição comandada pelo genovês **Cristóvão Colombo**. Seu objetivo era alcançar as Índias navegando para o oeste, a fim de provar que a Terra tinha formato esférico.

Em outubro daquele ano, Colombo chegou à América. Como pensou que estivesse nas Índias, chamou os habitantes dessas terras de índios. O navegador florentino **Américo Vespúcio**, que esteve na América em 1499 e em 1502, apresentou a hipótese de que as terras encontradas formavam outro continente.

As viagens de Colombo criaram conflitos entre as Coroas portuguesa e espanhola, que negociaram tratados para definir a posse das terras que ainda pudessem ser encontradas. O **Tratado de Tordesilhas**, de 1494, estabeleceu uma linha imaginária que passaria 370 léguas a oeste das ilhas de Cabo Verde, no Oceano Atlântico. As terras situadas a oeste pertenceriam à Espanha e as terras a leste, a Portugal.

As expedições marítimas do século XVI eram compostas, geralmente, de um comandante e alguns oficiais militares, soldados, religiosos, marinheiros, artesãos e um médico. Como a alimentação era restrita, muitos marinheiros morriam de fome ou de doenças. O risco de naufrágio era grande, e as calmarias – períodos prolongados sem vento – também representavam um perigo.

GRANDES NAVEGAÇÕES PORTUGUESAS E ESPANHOLAS (SÉCULOS XV E XVI)

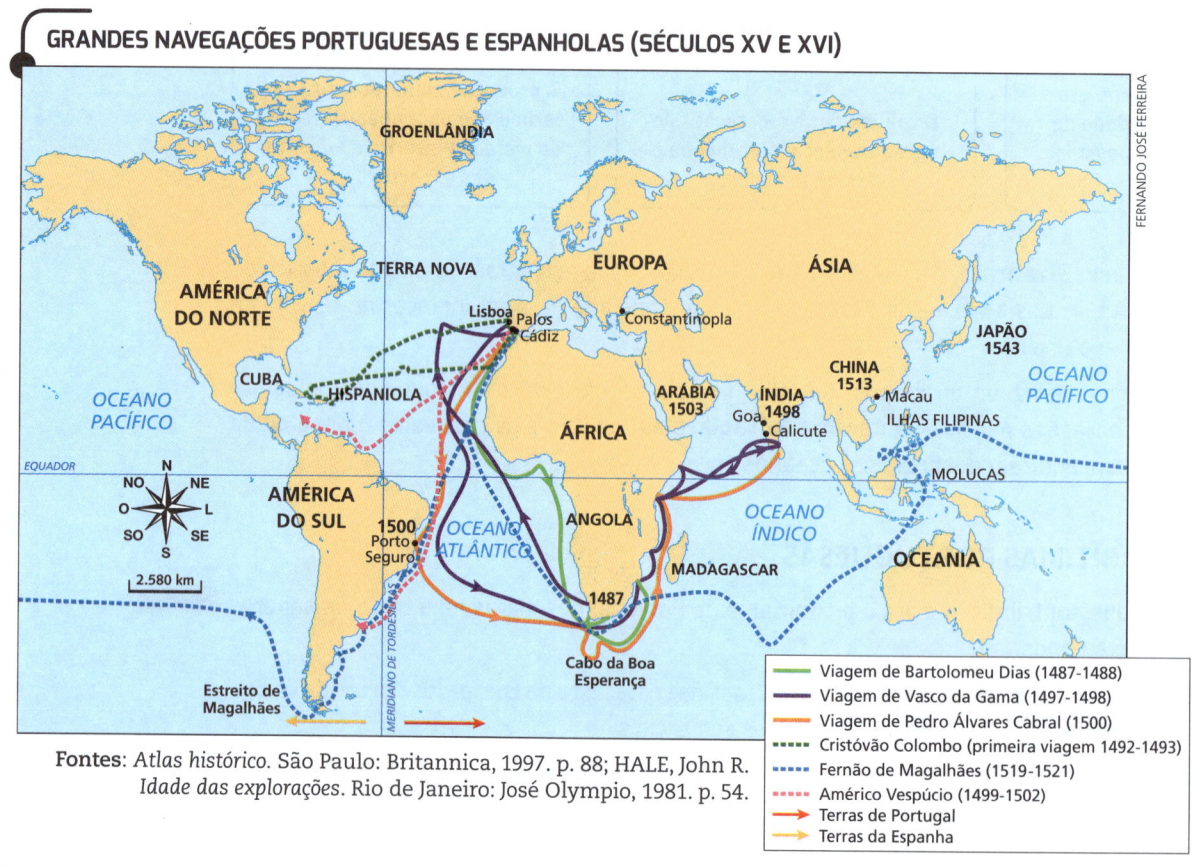

Fontes: *Atlas histórico*. São Paulo: Britannica, 1997. p. 88; HALE, John R. *Idade das explorações*. Rio de Janeiro: José Olympio, 1981. p. 54.

OUTRAS VIAGENS MARÍTIMAS: FRANCESES, INGLESES E CORSÁRIOS

Inglaterra e França, enfraquecidas pelo envolvimento na Guerra dos Cem Anos (1337-1453), investiram tardiamente na expansão marítima. Buscaram, então, ocupar terras (mesmo que já pertencessem a Portugal ou Espanha) e praticar a pirataria.

Os **corsários**, navegadores que recebiam dos reis a carta de corso, saqueavam navios com as riquezas extraídas da América e dos entrepostos comerciais ibéricos na Ásia e na África.

A França estabeleceu muitas colônias no continente americano, entre elas a **França Antártica** (1555), no atual Rio de Janeiro, a **França Equinocial** (1612), no atual município de São Luís, no Maranhão, e a **Nova França** (início do século XVII), na América do Norte.

A Coroa inglesa tentou iniciar a colonização da América do Norte no final do século XVI. Cedeu às companhias comerciais terras na América e contratos de monopólios. Muitos trabalhadores ingleses migravam para o continente na condição de **servos temporários** e passavam anos sem receber salários.

Em 1620, 102 ingleses, incluindo muitos puritanos (calvinistas) fugidos de perseguições religiosas, fundaram a cidade de Plymouth (localizada no atual estado de Massachusetts) e ficaram conhecidos como "pais peregrinos". Posteriormente, outros grupos fundaram as **treze colônias** na costa da América do Norte.

A relação entre colonos e indígenas foi marcada por conflitos. A população nativa caiu de cerca de 10 milhões de pessoas, no século XVI, para 600 mil, no final do século XVIII. A colonização inglesa não integrou o ameríndio ao reino britânico, gerando uma sociedade com pouca mestiçagem.

Ao longo do século XVII, instituiu-se o chamado **comércio triangular**, em que comerciantes ingleses adquiriam mercadorias na América e na África e as revendiam na Europa. Alguns navegadores praticavam também o tráfico de escravos.

Teste e aprimore seus conhecimentos com as atividades a seguir.

1. Encontre no diagrama a seguir cinco termos relacionados às grandes navegações marítimas dos séculos XIV a XVII.

Ú	F	R	C	A	R	A	V	E	L	A	Q	N
B	V	B	M	H	T	E	Q	S	C	S	R	T
U	R	B	N	Z	R	A	Y	W	F	T	T	F
R	O	M	D	O	X	O	S	R	I	R	N	E
G	K	X	Q	N	O	R	T	E	N	O	R	T
U	G	O	P	T	B	Ú	S	S	O	L	A	Y
E	R	Y	S	O	L	P	N	A	X	Á	G	Q
S	F	R	T	F	K	V	G	Y	R	B	F	O
I	X	R	A	R	X	E	S	F	P	I	M	G
A	N	M	E	T	A	L	I	S	M	O	E	R
X	P	Q	G	M	F	A	Y	Q	O	O	L	A

2. Assinale a alternativa INCORRETA e reescreva-a, corrigindo os erros.

a) A expedição comandada por Bartolomeu Dias contornou o sul do continente africano, no final do século XV, em busca de novas rotas para as Índias.

b) Por causa da posição geográfica de Portugal, os portos de Lisboa e da cidade do Porto se tornaram importantes centros comerciais.

c) Pedro Álvares Cabral comandou a expedição que chegou à costa da América do Sul, no atual estado da Bahia, em 22 de abril de 1500.

d) Após a conquista de Ceuta, no norte da África, os portugueses encerraram suas tentativas de contornar o litoral africano.

e) Nos séculos XV e XVI, os portugueses foram os pioneiros da exploração marítima europeia, sendo os primeiros a chegar a regiões da África, Ásia e América.

_____

_____

_____

3. Observe o mapa da página 22, sobre as navegações portuguesas e espanholas. Em seguida, preencha a linha do tempo abaixo com informações sobre essas expedições, levando em consideração a data e o local de partida, a rota, a data e o local de chegada.

Expedições portuguesas

Bartolomeu Dias:

Portugal →

Cabo da Boa Esperança →

Portugal

1480 — 1487-1488 — 1490 — ____ — 1500 — 1510 — 1520

Os acontecimentos desta linha do tempo não foram representados em escala temporal.

Expedições espanholas

4. Observe a imagem a seguir e responda às perguntas.

Detalhe do mapa *Americae sive qvartae orbis partis nova et exactissima descriptio*, do cartógrafo espanhol Diego Gutiérrez, 1562.

a) De acordo com a imagem, que perigos os europeus que embarcavam para a América imaginavam encontrar?

_____

_____

_____

_____

b) Quais eram as dificuldades que os tripulantes enfrentavam durante as navegações dos séculos XV e XVI?

_____

_____

_____

_____

_____

5. Leia os textos a seguir e responda às perguntas.

TEXTO 1

"A perseguição religiosa era uma constante na Inglaterra dos séculos XVI e XVII. A América seria um refúgio também para esses grupos religiosos perseguidos. [...]

Ainda a bordo do navio que os trazia, o Mayflower, esses peregrinos firmaram um pacto estabelecendo que seguiriam leis justas e iguais. [...]"

KARNAL, Leandro. A formação da nação. In: KARNAL, Leandro e outros. *História dos Estados Unidos*: das origens ao século XXI. São Paulo: Contexto, 2007. p. 46.

TEXTO 2

"De janeiro a março deste ano, os casos de intolerância religiosa cresceram mais de 56% no estado do Rio de Janeiro em comparação ao primeiro trimestre de 2017. [...]

O tipo de violência mais praticado é a discriminação (32%). Depois, aparecem depredação de lugares ou imagens (20%) e difamação (10,8%). As religiões de matrizes africanas são os principais alvos: candomblé (30%) e umbanda (22%). [...]"

GANDRA, Alana. Casos de intolerância religiosa sobem 56% no estado do Rio. *Agência Brasil*, 8 maio 2018. Disponível em <http://mod.lk/3NZQV>. Acesso em 4 out. 2018.

Matriz: origem.

a) O primeiro texto aborda as motivações religiosas para a chegada de ingleses à América do Norte, em 1620. Qual era a religião dessas pessoas e em que contexto ocorreu a perseguição a elas?

_____
_____
_____

b) Por que os ingleses que chegaram à América em 1620 ficaram conhecidos, posteriormente, como "pais peregrinos"?

_____
_____
_____

c) Os dois textos da página anterior abordam um assunto em comum. Qual é esse assunto?

_____
_____

d) Aponte a diferença de contexto dos dois textos.

_____
_____
_____
_____

6. Preencha as lacunas do texto utilizando alguns dos termos do quadro.

> liberdade   reis   metais preciosos   burguesia   protecionismo
> escravos   mercantilistas   corte   nobreza   exploração
> moderno   fragmentado   medieval

Com a formação do Estado _____, os _____ passaram a centralizar o poder. Os impostos cobrados sustentavam todos os gastos do Estado, principalmente com a manutenção de um exército nacional, a burocracia e o luxo da _____. O dinheiro circulava na forma de _____.

Para acumulá-los, os governos passaram a adotar medidas _____. Tais medidas visavam transferir recursos para o tesouro real, por meio do estímulo às manufaturas, do _____ comercial e da _____ colonial.

7. Complete a cruzadinha.

   a) Importante entreposto comercial do norte da África, sob domínio muçulmano, que recebia mercadorias da África, da Índia e da Pérsia.
   b) Política econômica que visava ao acúmulo de ouro e prata.
   c) Estabelecimento em que se fabricavam ferramentas, armas e tecidos, entre outros utensílios.
   d) Controlavam as rotas terrestres do comércio de especiarias orientais.
   e) Temperos de origem asiática que alcançavam altos preços na Europa do século XV.
   f) Navegador inglês ou francês que tinha permissão da Coroa de seu país para saquear navios em alto-mar.
   g) Segundo nome do genovês que pretendia chegar às Índias navegando em direção ao oeste.
   h) Conjunto de medidas econômicas adotadas pelas monarquias nacionais.

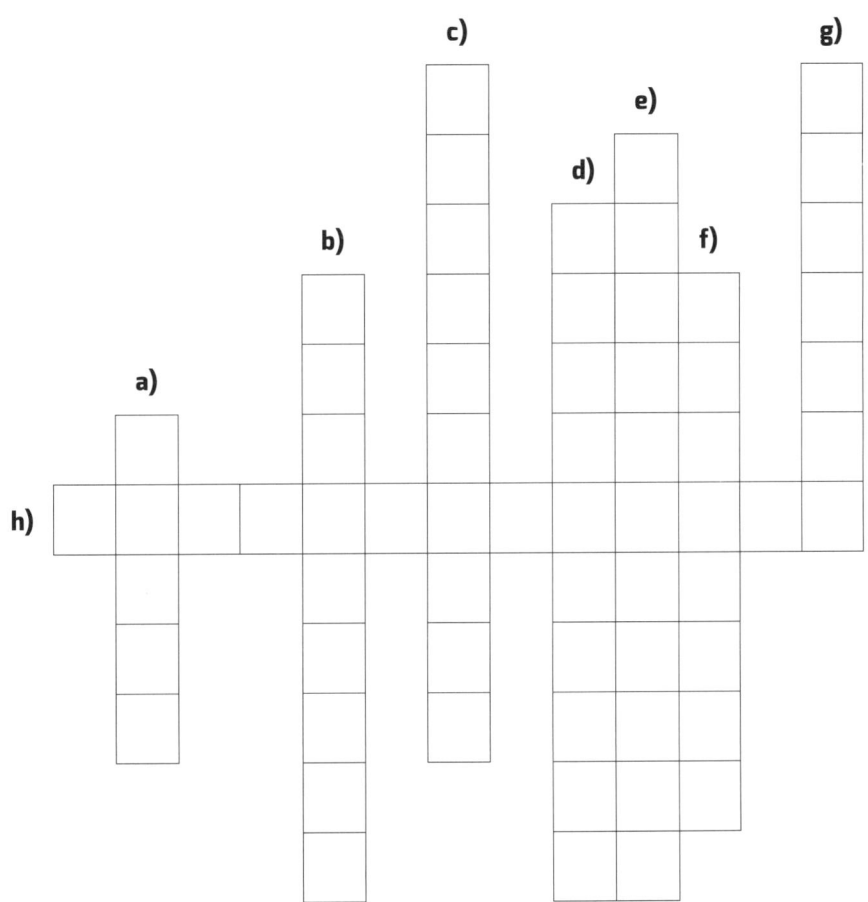

8. Cite e explique os principais fatores pelos quais Portugal e Espanha foram pioneiros nas expedições ultramarinas.

   _____
   _____
   _____
   _____

9. Analise os trechos a seguir, que fazem parte dos primeiros registros feitos pelos europeus sobre as terras americanas, no contexto da expansão marítima europeia. Em seguida, responda às perguntas.

TEXTO 1

"Esta empresa foi feita no intuito de empregar o que dela se obtivesse na devolução da Terra Santa à Santa Igreja. Depois de ali ter estado e visto a terra, escrevi ao Rei e à Rainha, meus senhores, dizendo-lhes que dentro de sete anos disporia de cinquenta mil homens a pé e cinco mil cavaleiros, para a conquista da Terra Santa e, durante os cinco anos seguintes, mais cinquenta mil pedestres e outros cinco mil cavaleiros, o que totalizaria dez mil cavaleiros e cem mil pedestres para a dita conquista."

COLOMBO, Cristóvão. Carta ao papa Alexandre VI [1502]. In: TODOROV, Tzvetan. *A conquista da América*: a questão do outro. São Paulo: Martins Fontes, 2003. p. 14-15.

TEXTO 2

"O Capitão, quando eles [os indígenas] vieram, estava sentado em uma cadeira [...]; e bem vestido, com um colar de ouro, mui grande, ao pescoço. [...] E eles entraram. Mas nem sinal de cortesia fizeram, nem de falar ao Capitão; nem a alguém. Todavia um deles fitou o colar do Capitão, e começou a fazer acenos com a mão em direção à terra, e depois para o colar, como se quisesse dizer-nos que havia ouro na terra. E também olhou para um castiçal de prata e assim mesmo acenava para a terra e novamente para o castiçal, como se lá também houvesse prata!"

CAMINHA, Pero Vaz de. *A Carta*. Biblioteca Nacional. Disponível em <http://mod.lk/z6vnf>. Acesso em 13 set. 2018.

a) De acordo com a carta de Cristóvão Colombo ao papa, qual deveria ser o objetivo da colonização da América?

b) O que mais chamou a atenção dos exploradores portugueses ao entrar em contato com os indígenas, segundo a descrição de Pero Vaz de Caminha?

c) Com base nos dois textos, é possível afirmar que a colonização da América era movida apenas por objetivos religiosos ou econômicos? Justifique.

10. Os meridianos do mapa a seguir representam as duas propostas de divisão das terras ultramarinas entre Portugal e Espanha, discutidas no final do século XV.

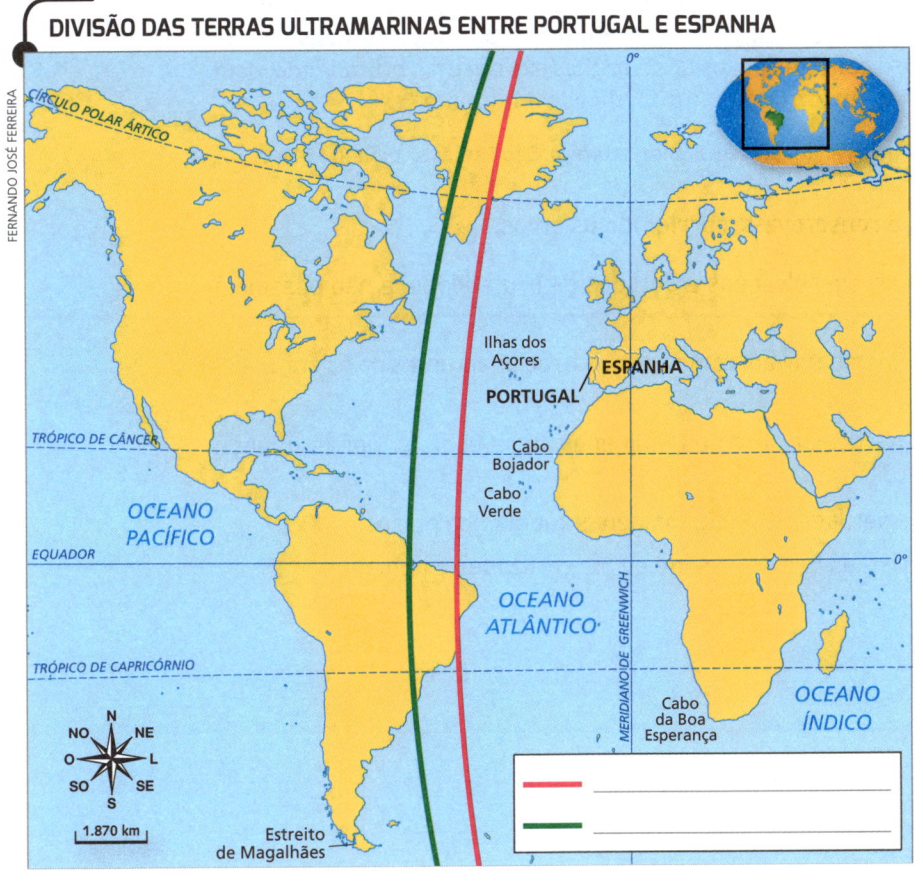

DIVISÃO DAS TERRAS ULTRAMARINAS ENTRE PORTUGAL E ESPANHA

Fonte: DUBY, Georges. *Atlas historique mondial*. Paris: Larousse, 2003. p. 239.

a) Complete a legenda do mapa indicando o meridiano que representa a divisão proposta pela Bula Intercoetera e o que representa o traçado do Tratado de Tordesilhas.

b) Por que Portugal e Espanha acreditavam poder dividir entre si as terras ultramarinas?

c) Por que a primeira divisão foi recusada pelo rei português? Que mudança houve da primeira para a segunda proposta que o convenceu a aceitar o acordo?

d) Considerando que essa negociação ocorreu seis anos antes da chegada de Cabral ao Brasil, que hipótese podemos levantar sobre os interesses portugueses nessa divisão?

11. A seguir, leia o relato que o francês André Thévet fez a respeito dos indígenas Tupinambá em meados do século XVI, quando esteve na América portuguesa.

"[...] estranhíssimos selvagens sem fé, lei ou religião e nem civilização alguma, vivendo antes como animais irracionais, assim como os fez a natureza, andando sempre nus tanto aos homens quanto as mulheres, à espera do dia em que o contato com os cristãos lhes extirpe essa brutalidade, para que eles passem a vestir-se, adotando um procedimento civilizado e humano."

THÉVET, André [1575]. *Singularidades da França Antártica*. São Paulo: Nacional, 1944. p.117.

Assinale a alternativa INCORRETA e reescreva-a, corrigindo os erros.

a) Na visão de Thévet, os indígenas eram selvagens e dotados de brutalidade, e não possuíam fé, leis, religião ou civilização.

b) Para o narrador, os indígenas Tupinambá viviam como animais irracionais antes de os europeus chegarem ao Brasil.

c) O relato representa uma visão particular sobre os indígenas Tupinambá, e, por isso, pode conter equívocos.

d) As palavras de Thévet mostram a verdade sobre os indígenas Tupinambá no século XVI.

e) Para Thévet, o contato com os cristãos tornaria os indígenas civilizados e humanos.

12. Classifique as afirmativas a seguir em verdadeiras (V) ou falsas (F). Em seguida, reescreva as falsas, corrigindo-as.

a) ( ) As treze colônias desenvolveram características diferentes: no sul, formou-se uma economia marcada pelas grandes propriedades monocultoras, escravistas e exportadoras, enquanto no centro e no norte desenvolveu-se a policultura com trabalho livre e voltada para o mercado interno.

b) ( ) Em 1620, puritanos fugidos da Inglaterra por causa de perseguições religiosas migraram para a América do Norte, no navio *Mayflower*, e fundaram a colônia de Plymouth.

c) ( ) Na América do Norte, os colonos ingleses respeitaram a cultura dos nativos e estabeleceram, desde o princípio, relações amistosas com os indígenas.

d) ( ) O comércio triangular era realizado entre as seguintes regiões: treze colônias americanas, África e ilhas do Caribe.

e) ( ) A colonização das treze colônias em nada se assemelhou à da América espanhola.

13. Leia o texto para responder às questões.

"Os colonizadores de Jamestown, quase todos homens, vieram por uma razão: buscar fortuna, que eles esperavam conseguir na mineração do ouro. Em contraste, os peregrinos [que fundaram Plymouth], em grupos familiares, procuravam preservar sua cultura enquanto eram livres para praticar sua religião. [...]

Os aventureiros de Jamestown não encontraram muito ouro, mas descobriram que as terras inundáveis da Virgínia eram um ótimo lugar para cultivar tabaco [...]. Para trabalhar nessa lavoura, que exigia trabalho intensivo, em 1619, eles trouxeram os primeiros escravos africanos para a América inglesa.

Os peregrinos também possuíam escravos, mas eles nunca tiveram uma economia que exigisse um grande número de trabalhadores do campo. [...]"

The story of Jamestown, four centuries later.
The New York Times, 2 maio 2007. Disponível em
<http://mod.lk/2LemI>. Acesso em 4 out. 2018. (tradução nossa)

a) Que atividade econômica os colonos desenvolveram em Jamestown? Que tipo de mão de obra era utilizado nesse trabalho?

b) O que motivou a saída dos peregrinos da Inglaterra? Qual foi a principal atividade econômica que eles desenvolveram em Plymouth?

c) Com base nas características dos núcleos coloniais citados no texto, qual deles se localizava no sul? E qual ficava no norte?

UNIDADE 4 — A CONQUISTA E A COLONIZAÇÃO ESPANHOLA NA AMÉRICA

RECAPITULANDO

SABERES DOS POVOS PRÉ-COLOMBIANOS

Quando os europeus chegaram à América, em 1492, encontraram povos com sociedades e culturas complexas. Algumas delas desenvolveram avanços tecnológicos impressionantes.

Tenochtitlán, a capital asteca, foi construída no meio de um lago salgado. Contava com diques, barragens e aquedutos que facilitavam a vida dos habitantes. No século XV, viviam na cidade cerca de 300 mil pessoas.

Diversas culturas mesoamericanas, entre elas os astecas, utilizavam a **escrita pictoglífica**, que combinava desenhos e símbolos. Os principais suportes para a escrita eram as estelas de pedra e os manuscritos chamados **códices**.

Os povos mesoamericanos criaram **calendários** sofisticados, tanto para auxiliar a produção agrícola quanto para regular as atividades religiosas.

No Império Inca, localizado na região andina da América do Sul, a elite morava em cidades chamadas *llactas*. Essas cidades eram construídas pelos camponeses como forma de pagamento de um tributo (chamado *mita*) ao imperador.

Os povos ameríndios, de forma geral, desenvolveram técnicas avançadas de agricultura, cultivando grande variedade de espécies vegetais, produzindo para o sustento de grandes populações.

OS ESPANHÓIS NA AMÉRICA

Quando tomou conhecimento da existência de jazidas de ouro e prata na América, a Coroa espanhola direcionou o foco de sua política mercantilista para o estabelecimento de colônias e para a busca e a exploração de minérios.

Os espanhóis utilizaram diferentes estratégias para dominar as populações ameríndias: a conquista militar, o estabelecimento de alianças com a população local, o trabalho de missionários da Igreja e até a manipulação das crenças dos nativos. Os espanhóis também foram favorecidos pelos surtos de doenças europeias que levaram milhões de nativos à morte.

A conquista do Império Asteca começou quando o espanhol **Hernán Cortés** chegou, com seu grupo, a Tenochtitlán em 1519. Lá, conheceu **Malinche**, jovem indígena que seria sua intérprete e o ajudaria nas alianças. A queda definitiva de Tenochtitlán ocorreu em agosto de 1521 e representou a vingança de diversos grupos étnicos, aliados aos espanhóis, sobre os astecas.

A conquista do Império Inca, localizado em uma região correspondente a partes do território dos atuais Peru, Equador, Bolívia, Argentina e Chile, ocorreu quando os espanhóis, liderados por **Francisco Pizarro**, aproveitaram-se da disputa pelo trono. Eles marcaram um encontro com o imperador Atahualpa e o capturaram, cobrando grande quantia em ouro e prata como resgate. Após receber o pagamento pelo resgate, os espanhóis assassinaram o imperador e deram início a uma guerra civil.

A conquista do Império Inca não ocorreu sem resistência. O inca **Manco Capac** refugiou-se, com seus seguidores, em Vilcabamba, em 1537. Essa resistência teve fim com a captura e a decapitação de **Tupac Amaru** pelos espanhóis.

A COLONIZAÇÃO ESPANHOLA NA AMÉRICA

O principal objetivo da colonização era a obtenção de riquezas para o governo e a elite econômica das metrópoles. A fim de garantir isso, Portugal e Espanha estabeleceram o **exclusivo metropolitano**, de acordo com o qual as colônias só poderiam comercializar com suas metrópoles.

O primeiro órgão criado pela Coroa espanhola nas colônias americanas foi a **Casa de Contratação**, em 1503, para fiscalizar a cobrança de impostos e garantir o exclusivo metropolitano.

Em 1524, foi criado o **Conselho das Índias**, que tomava as decisões relativas às colônias. Para garantir a presença de administradores nas diferentes regiões da colônia, a Coroa espanhola fundou os vice-reinos, sendo os principais o **Vice-Reino da Nova Espanha** (1535) e o **Vice-Reino do Peru** (1543).

Os principais órgãos administrativos nas colônias eram os *cabildos*, espécies de conselhos municipais que tratavam de diversos assuntos das colônias, e as audiências, presididas pelo vice-rei.

A mineração de prata foi a atividade econômica mais importante da América hispânica. As **minas de Potosí** estavam entre as mais ricas e produtivas áreas de exploração mineral do mundo nos séculos XVI e XVII, e a circulação de prata na América favoreceu outras atividades econômicas.

Nas colônias espanholas também eram praticadas a pecuária e a agricultura, utilizando-se técnicas europeias e indígenas. As principais mercadorias exportadas foram a cana-de-açúcar, o anil, o algodão e o tabaco. O principal centro produtor de açúcar estava nas ilhas de Cuba e Hispaniola, onde se empregava o trabalho escravizado africano em grandes propriedades.

ATIVIDADES ECONÔMICAS NA AMÉRICA ESPANHOLA

Fonte: FRANCO JÚNIOR, Hilário; ANDRADE FILHO, Ruy de. Atlas: história geral. São Paulo: Scipione, 1997. p. 39.

TRABALHO E DIVISÕES SOCIAIS NAS COLÔNIAS ESPANHOLAS

Os ameríndios participaram de várias formas do processo de colonização: como aliados políticos dos espanhóis, trabalhadores livres e trabalhadores compulsórios.

Uma das principais formas de exploração do trabalho era a **encomienda**, comum no Vice-Reino da Nova Espanha, que determinava o pagamento de tributos por meio do trabalho nas minas, em obras públicas e na agricultura.

A **mita**, de origem inca, foi adotada e adaptada pelos espanhóis. Os colonizadores solicitavam aos chefes indígenas que recrutassem pessoas para trabalhar nas minas por quatro meses ao ano, recebendo um pagamento pela atividade.

Nas minas, os trabalhadores indígenas sofreram exploração e violência, sendo submetidos a longas jornadas de trabalho, acidentes, temperaturas extremas, umidade, pouco oxigênio e doenças. Resistiam fugindo, danificando os túneis e contrabandeando minerais e metais.

A sociedade da América espanhola era hierarquizada, e classificava as pessoas com base em critérios como a "pureza de sangue" e o local de nascimento.

Os grupos que compunham a sociedade da América hispânica eram os **espanhóis**, os ***criollos***, os **mestiços**, os **indígenas** e os **africanos escravizados**.

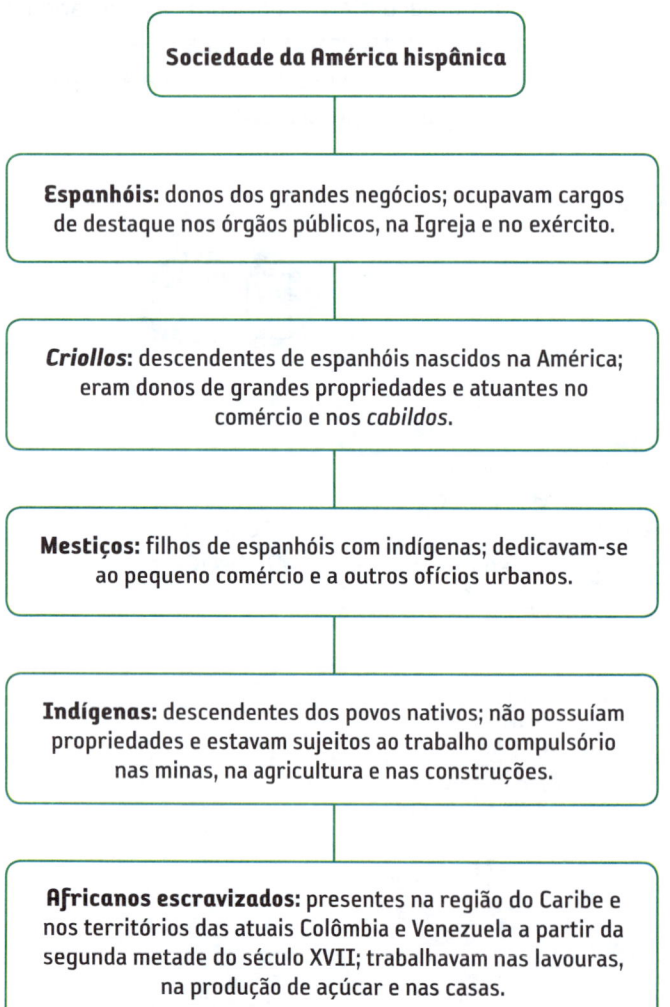

Sociedade da América hispânica

- **Espanhóis:** donos dos grandes negócios; ocupavam cargos de destaque nos órgãos públicos, na Igreja e no exército.
- ***Criollos:*** descendentes de espanhóis nascidos na América; eram donos de grandes propriedades e atuantes no comércio e nos *cabildos*.
- **Mestiços:** filhos de espanhóis com indígenas; dedicavam-se ao pequeno comércio e a outros ofícios urbanos.
- **Indígenas:** descendentes dos povos nativos; não possuíam propriedades e estavam sujeitos ao trabalho compulsório nas minas, na agricultura e nas construções.
- **Africanos escravizados:** presentes na região do Caribe e nos territórios das atuais Colômbia e Venezuela a partir da segunda metade do século XVII; trabalhavam nas lavouras, na produção de açúcar e nas casas.

Mestiços, indígenas e africanos escravizados foram os grupos mais afetados pela colonização. A maioria das comunidades indígenas adotou o cristianismo como religião, mas não abandonou hábitos, costumes e tradições.

Teste e aprimore seus conhecimentos com as atividades a seguir.

1. Leia o texto abaixo, sublinhe a frase INCORRETA e corrija-a em seguida.

Ao chegar à América, no final do século XV, os navegadores europeus encontraram sociedades complexas. Antes mesmo de chegar à América, os europeus já sabiam da existência dessas sociedades e como elas eram desenvolvidas. Mesmo sabendo que os povos pré-colombianos possuíam suas próprias crenças, costumes, tradições e modos de vida, os espanhóis conquistaram essas populações com o objetivo de catequizá-las.

_____
_____
_____

2. Leia o texto e faça o que se pede.

"Os cronistas espanhóis registraram a hierarquização da sociedade asteca com o monarca semidivino no topo da hierarquia, seguido, em ordem decrescente, pelos nobres e sacerdotes, homens comuns, servos e escravos [...]. O mundo sobrenatural era estruturado de modo similar. No ápice, o deus da chuva, Tlaloc, compartilhava a supremacia com Huitzilopochtli, o deus da guerra [...]. Os livros de pele de cervo, ou códices, registravam as proezas dos heróis da história asteca, os detalhes dos rituais, o elaborado calendário cerimonial e outros tipos de informação, numa combinação de pinturas e símbolos."

MEGGERS, Betty J. *América pré-histórica*.
Rio de Janeiro: Paz e Terra, 1972. p. 96-97.

a) De acordo com o texto, que aspectos da sociedade asteca foram descritos pelos cronistas europeus?

_____
_____
_____
_____

b) Que informações foram registradas nos códices?

_____
_____
_____
_____

c) Mencione locais nos quais podemos encontrar informações sobre as sociedades do século XXI.

_____
_____
_____
_____

3. Leia o trecho de uma carta de cerca de 1548, escrita pelo frei espanhol Bartolomeu de Las Casas para o rei Carlos I, da Espanha. Nela, Las Casas defende os indígenas da América contra o tratamento que recebiam dos colonizadores.

"[...] Agora que mostramos que entre nossos índios das costas ocidentais e meridionais [...] há importantes reinos, grande número de pessoas que vivem vidas estáveis em sociedade, grandes cidades, reis, juízes e leis, pessoas que se dedicam ao comércio, a compra, venda, empréstimos e a outros contratos das leis das nações [...]. Eles não são ignorantes, desumanos ou bestiais. Ao contrário, muito antes de ouvirem a palavra 'espanhol' tinham Estados adequadamente organizados, sabiamente governados por excelentes leis, religião e costumes. Cultivavam a amizade e, unidos em comunidade, viviam em cidades populosas nas quais administravam sabiamente os negócios tanto da paz quanto da guerra de forma justa e equitativa, governados verdadeiramente por leis que, em muitíssimos pontos, superavam as nossas. [...]"

LAS CASAS, Bartolomeu. Em defesa dos índios (c. 1548). In: ISHAY, Micheline R. (Org.). *Direitos humanos*: uma antologia – principais escritos políticos, ensaios, discursos e documentos desde a *Bíblia* até o presente. São Paulo: Edusp, 2006. p. 139-140.

a) Como eram as sociedades indígenas antes da chegada dos europeus, de acordo com Las Casas?

_____

_____

b) Com base na leitura do documento, quais teriam sido as razões utilizadas pelos espanhóis para justificar a colonização?

_____

_____

_____

4. Preencha as lacunas do texto abaixo, sobre o processo de dominação dos espanhóis na América, utilizando os termos do quadro.

> armas de fogo   trabalho   missionários   Asteca
> Inca   conflitos   doenças   metais preciosos

Os espanhóis, interessados nos _____ da América, deram início ao processo de conquista. Eles se aproveitaram dos _____ internos dos impérios _____ e _____ para dominá-los. Outros recursos usados pelos espanhóis contra os povos indígenas foram a violência, com o emprego de _____, e a imposição do cristianismo por meio do envio de _____ católicos. As _____ trazidas pelos europeus provocaram a morte de milhões de nativos. Durante o período colonial, foram impostas à população nativa diferentes formas de _____ compulsório.

5. Analise a imagem a seguir e responda às perguntas.

Ilustração do *Códice Azcatitlan*, de meados do século XVI, representando o exército espanhol marchando. À frente, está Hernán Cortés.

a) Na imagem, uma mulher foi representada ao lado de Hernán Cortés. Que papel ela desempenhou na conquista do Império Asteca?

___

b) Há outras mulheres representadas na imagem?

___

c) Como os outros indígenas foram representados na imagem?

___

6. Relacione as colunas.

1) Exclusivo metropolitano ☐ Órgão criado para administrar as colônias espanholas.

2) Conselho das Índias ☐ Conselho municipal que tratava de assuntos locais na América espanhola.

3) Cabildo ☐ Sistema de regras para o comércio entre metrópoles e colônias.

4) *Mita* ☐ Imposto cobrado pela Coroa espanhola na forma de trabalho compulsório.

7. Analise o mapa da página 33 e preencha o quadro a seguir.

América hispânica: exportação de produtos coloniais	
Vice-Reino da Nova Espanha	
Vice-Reino do Peru	

8. Complete o diagrama sobre os grupos que formavam a sociedade colonial da América espanhola.

_____: grandes _____ e grandes proprietários de terra. Ocupavam altos postos na _____ _____ colonial.

Criollos: _____ nascidos na América. Eram donos de _____.

_____: filhos de _____ com _____ _____. Dedicavam-se ao pequeno _____ e a outros ofícios urbanos.

_____: trabalhavam na _____, nas _____ e nas _____.

_____: presentes no Caribe e no território correspondente ao da atual Colômbia. Eram empregados nas lavouras, na produção de _____ e nas casas.

9. Leia o trecho de uma matéria sobre a Copa do Mundo de Futebol 2018 e responda às perguntas.

"A linguagem dos jogos de futebol está repleta de frases, metáforas e clichês que refletem a vida moderna: um treinador que estaciona o ônibus, um meio-campista cujo chute é um verdadeiro foguete, um atacante que marca um gol de bicicleta.

Mas a 3.300 metros de altitude, nos Andes peruanos, o vocabulário muda. É lá que Luis Soto, apresentador de um programa esportivo diário na Radio Inti Raymi, está narrando a primeira participação peruana em uma Copa do Mundo desde 1982, em seu idioma nativo, o quíchua. [...]

[...] O recenseamento de 2007, o mais recente cujos dados estão disponíveis, aponta que 3,4 milhões de pessoas – cerca de 11% da população peruana – falam quíchua como primeiro idioma. [...]"

VILCHIS, Raúl. Peruano narra jogos da Copa do Mundo na Rússia em idioma dos incas. *Folha de S.Paulo*, 21 jun. 2018. Disponível em <http://mod.lk/qEBM0>. Acesso em 5 out. 2018.

a) Com base no trecho da reportagem, é possível dizer que a colonização espanhola destruiu a cultura inca?

b) Em sua opinião, o que representa a narração de jogos de uma Copa do Mundo em um idioma ameríndio?

10. Complete o quadro a seguir, sobre as duas principais formas de exploração do trabalho indígena na América espanhola.

	Encomienda	*Mita*
Como funcionava?		

11. A respeito da conquista de um povo na América do Sul no século XVI, o frei Bartolomeu de Las Casas escreveu: "os senhores e o povo foram escravizados e divididos entre os espanhóis, escravização que é a única pela qual se interessam porque é o meio de se chegar ao seu fim último, que é o ouro". É possível afirmar que o frei:

a) apenas sinalizou a principal atividade econômica na América espanhola: a extração de ouro por meio da utilização da mão de obra indígena, que enriqueceu os cofres da Coroa espanhola.

b) procurou denunciar a violenta exploração da mão de obra indígena na extração de metais da América espanhola, marcada, entre outros aspectos, pelo uso do trabalho compulsório.

c) colocou-se a favor da exploração da mão de obra indígena pelos colonizadores espanhóis, pois, por meio dela, era possível enviar muito ouro à Espanha.

d) apresentou uma crítica ao uso do trabalho de africanos escravizados nas plantações de açúcar e nas minas de ouro da América espanhola.

12. Complete a cruzadinha.

a) Eram descendentes de espanhóis e podiam possuir terras e minas, mas exerciam cargos inferiores na administração da colônia.

b) Filhos de espanhóis com indígenas, eram comerciantes ou ocupavam funções de pouco prestígio, como a de ferreiro e a de pedreiro.

c) Instituição que funcionava como câmara municipal, sendo responsável, entre outros aspectos, pela segurança, pelo abastecimento e pela administração dos espaços públicos.

d) Constituíam a maioria da população e sua força de trabalho era explorada nas minas e nas fazendas.

e) Trabalhavam principalmente na produção de açúcar no Caribe e na costa do território correspondente ao das atuais Colômbia e Venezuela.

f) Órgãos presididos pelos vice-reis, nos quais estes exerciam a função de autoridade judicial.

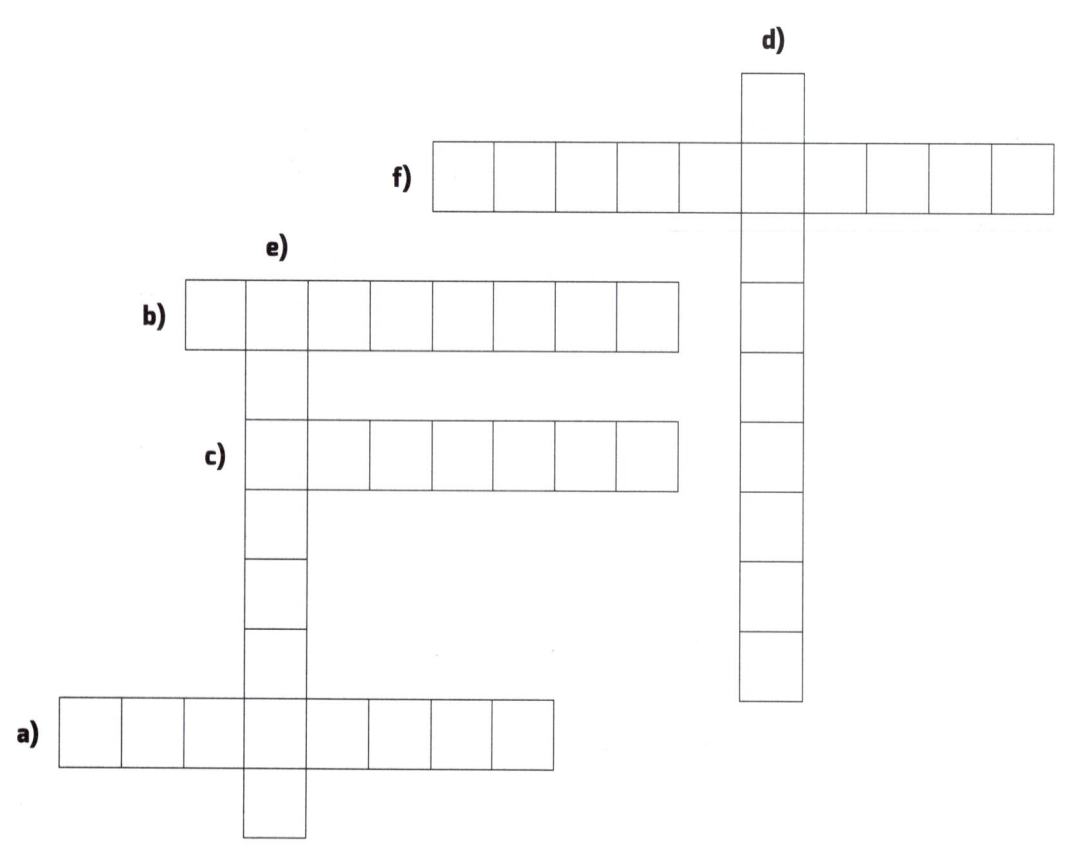

13. A cena mostrada a seguir é uma das ilustrações do *Códice de Tzintzuntzan*, produzido no século XVI, que relata a evangelização do território de Michoacán, no México, depois da conquista espanhola. Analise a imagem com atenção para responder às questões.

Ilustração da obra *Crônica de Michoacán*, do frei Pablo Beaumont, século XVIII. Em sua obra, o frei Beaumont copiou e incluiu diversos registros, entre eles, a cena do *Códice de Tzintzuntzan* reproduzida ao lado.

a) Que personagens foram representados pelo artista na imagem? Que ações estão sendo desenvolvidas na cena?

_____
_____
_____
_____
_____
_____

b) Que tipo de visão a respeito do processo de conquista espanhola essa cena transmite?

_____
_____
_____
_____
_____
_____

UNIDADE 5 PORTUGUESES NA AMÉRICA: CONQUISTA E COLONIZAÇÃO

RECAPITULANDO

OS POVOS QUE OS PORTUGUESES ENCONTRARAM

Quando os portugueses chegaram à costa da América do Sul, em 1500, encontraram povos com cultura, costumes, formas de trabalho, organização social e línguas desconhecidas dos europeus.

A maior parte dos **povos indígenas** pode ser agrupada em falantes de línguas do tronco **Tupi**, que habitavam a costa brasileira, e falantes de línguas do tronco **Macro-Jê**, mais presentes no interior.

Os povos Tupi cultivavam produtos como mandioca, milho, inhame, abóbora e batata-doce. Também coletavam frutos, praticavam a caça e a pesca e confeccionavam utensílios de cerâmica, madeira, pedra e outros materiais.

Eles viviam em **aldeias**, com várias moradias ou apenas uma grande casa comum. Não existia poder centralizado entre esses povos: os líderes (*principais*) se reuniam numa espécie de conselho para tomar decisões em conjunto.

Nas aldeias, o trabalho era dividido de acordo com o sexo e a idade das pessoas. De forma geral, as mulheres praticavam a agricultura, fabricavam farinha, teciam e cuidavam das crianças. Os homens caçavam, pescavam, construíam moradias e fabricavam canoas e armas.

Por serem povos de **tradição oral**, os indígenas não deixaram registros escritos sobre aspectos importantes, como crenças religiosas e organização social, nem sobre o encontro com os portugueses. Os europeus, por sua vez, produziram relatos sobre os primeiros contatos com os indígenas, que foram pacíficos.

Posteriormente, ao conhecer melhor os costumes dos nativos, os portugueses passaram a considerá-los selvagens e a defender a necessidade de "educá-los" de acordo com os costumes e valores europeus, pretendendo impor, assim, um modo de vida **eurocêntrico**.

OS POVOS INDÍGENAS NO BRASIL EM 1500

Legenda:
- Tupi
- Macro-Jê
- Aruaque
- Caraíba
- Cariri
- Pano
- Tucano
- Charrua
- Outros grupos
- Fronteiras atuais do Brasil

Fonte: *Atlas histórico escolar.* Rio de Janeiro: FAE, 1991. p. 12.

A CONQUISTA E O INÍCIO DA COLONIZAÇÃO

Ao chegar à América, os portugueses se interessaram pelo **pau-brasil**, árvore nativa da qual se extraía uma tinta vermelha, bastante valorizada na Europa. Sua madeira dura e resistente era utilizada na construção civil e de embarcações.

Os indígenas exploravam o pau-brasil e, por meio do **escambo** (troca de mercadorias ou serviços), recebiam dos portugueses tecidos, ferramentas e outros utensílios. Os portugueses instalaram **feitorias**, nas quais armazenavam produtos e protegiam o litoral.

Diante da presença de franceses interessados na extração do pau-brasil, a Coroa portuguesa se preocupou com a fixação de colonos e com o desenvolvimento de uma atividade econômica que fosse lucrativa e garantisse a proteção da colônia. A produção de **açúcar da cana**, que já era cultivada nas colônias portuguesas na África, foi a escolhida.

Em 1530, a Coroa enviou à colônia a expedição de Martim Afonso de Souza, que, em 1532, fundou **São Vicente**, a primeira vila portuguesa na América.

Por não ter recursos financeiros nem pessoal suficiente para assumir a colonização do Brasil, Portugal instituiu, em 1534, o sistema de **capitanias hereditárias** e dividiu o território em quinze faixas de terra, do litoral até o meridiano do Tratado de Tordesilhas.

Os **capitães donatários** deviam aplicar as leis nas terras sob sua jurisdição, doar sesmarias (terras), nomear autoridades, arrecadar impostos, fundar vilas, combater e escravizar indígenas e defender a capitania. Eles tinham o direito de transmitir a capitania a seus herdeiros, mas não o de vendê-la.

Por causa dos custos e dos riscos envolvidos no estabelecimento das capitanias, somente a de Pernambuco e a de São Vicente prosperaram. Nesse contexto, a Coroa criou o **governo-geral**, em 1548, com sede em Salvador, para administrar a colônia.

A administração de vilas e cidades era feita pelas **câmaras municipais**, das quais só podiam fazer parte os **homens-bons**, isto é, portugueses ou seus descendentes que já eram grandes proprietários de terras e de escravos.

A convivência entre as pessoas na colônia não estava restrita aos portugueses. Diversos povos indígenas se aliaram aos portugueses por meio de acordos ou casamentos entre colonizadores e mulheres indígenas.

Com essa convivência, os portugueses aprenderam a se orientar na mata e a fabricar canoas, incorporaram produtos da alimentação indígena em sua dieta e adotaram outras manifestações culturais dos nativos.

ESCRAVIDÃO E RESISTÊNCIA INDÍGENA

Assim que se estabeleceram no litoral, fundando vilas e cidades e construindo engenhos, os portugueses formaram alianças com os nativos e passaram a comprar deles prisioneiros de guerra para serem escravizados. A justificativa para o **resgate**, como era chamada a prática, era evitar que o prisioneiro fosse morto em um ritual antropofágico.

Para obter mais cativos, os portugueses alimentavam as rivalidades entre os povos indígenas, manipulando as motivações que os levavam à guerra. Também era comum os colonos atacarem aldeias para escravizar indígenas.

Em contrapartida, houve casos de povos indígenas que se aliaram a outros europeus para derrotar os portugueses. Entre 1555 e 1567, colonos franceses se estabeleceram na Baía de Guanabara com a ajuda dos Tupinambá e fundaram a **França Antártica**. Essa colônia tinha forte presença de calvinistas, os **huguenotes**, fugidos da perseguição católica na França.

Em 1570, a Coroa portuguesa permitiu a escravização indígena em casos de **guerra justa**. De acordo com esse critério, povos indígenas considerados hostis, os que se aliavam a outros povos europeus, os que recusavam a presença de um padre na aldeia, os que fugiam para o sertão ou os que resistiam à colonização de alguma forma podiam ser escravizados.

As relações entre europeus e indígenas também ocorriam nas missões ou aldeamentos, comandados pelos padres jesuítas. Nesses locais, os nativos eram forçados a trabalhar para os europeus e a seguir o seu modo de vida, fazendo orações, vestindo roupas e falando a língua portuguesa, além de abandonar crenças e costumes que não se adequassem ao cristianismo.

Os jesuítas chamavam de **descimento** a busca por indígenas, que, uma vez encontrados, deviam ir espontaneamente para as missões. Caso se recusassem, podiam ser acusados de rebeldia e escravizados.

Muitos indígenas se submetiam aos portugueses esperando obter melhores condições de sobrevivência. Outros, porém, resistiam à colonização de várias maneiras. Entre elas estavam a aliança com outros povos indígenas, a fuga para o interior, o combate e, a partir do século XVII, a fuga para quilombos ou mocambos, aliando-se a africanos escravizados e brancos pobres.

O NORDESTE AÇUCAREIRO

Durante os dois primeiros séculos de colonização, a **produção do açúcar** foi a atividade mais lucrativa da América portuguesa. O centro dessa produção estava no litoral das capitanias da Bahia e de Pernambuco, em que a presença de terras aráveis e de rios navegáveis, além da maior proximidade da metrópole, favoreceu a expansão da lavoura açucareira.

O açúcar era produzido no engenho, composto da lavoura canavieira, das instalações onde a cana era transformada em açúcar e das moradias de proprietários e de trabalhadores.

O engenho reunia diferentes grupos sociais: o dos **senhores de engenho**, que representavam o poder máximo na propriedade e moravam na casa-grande, o dos **lavradores de cana** (que podiam ser proprietários de terra ou arrendatários), o dos **trabalhadores livres**, entre os quais estavam o **feitor** e o **mestre de açúcar**, e o dos **escravizados** indígenas ou africanos.

O engenho colonial também era espaço de convívio social, trocas culturais, escravidão, resistência e festividades.

Os africanos escravizados desenvolviam atividades muito exaustivas. A vida desses trabalhadores era marcada pela violência desde o momento em que eram retirados à força de sua terra natal. Nos engenhos, moravam nas **senzalas**.

Como poucos fazendeiros tinham recursos próprios para arcar com os custos da produção de açúcar, a atividade era financiada, sobretudo, por flamengos e holandeses.

Teste e aprimore seus conhecimentos com as atividades a seguir.

1. Assinale a alternativa INCORRETA sobre os povos indígenas que habitavam o Brasil até a chegada dos portugueses.

a) Os povos que os portugueses encontraram tinham cultura, costumes e organização social próprios.

b) Todos os povos indígenas do Brasil falavam a mesma língua e tinham os mesmos costumes.

c) Inicialmente, os povos que mais tiveram contato com os portugueses foram os de língua Tupi, que habitavam a costa do território correspondente ao do Brasil atual.

d) A maior parte dos povos indígenas que viviam no território correspondente ao do Brasil atual morava em aldeias.

e) Os indígenas criaram inúmeras estratégias para resistir à colonização, entre elas a aliança com outros povos europeus e a fuga para o interior.

2. Complete as lacunas do texto a seguir, sobre um dos temas estudados nesta unidade.

Estima-se que em 1500 havia entre 3 e 5 milhões de _____ no território que corresponde ao do Brasil atual. Eles estavam distribuídos em mais de mil povos, cada um deles com _____, costumes, rituais e crenças próprias. Os primeiros contatos estabelecidos entre os portugueses e os povos indígenas foram _____. Mas isso mudou logo depois, e os europeus passaram a _____ os indígenas.

3. Leia a seguir um trecho de uma entrevista do historiador Fernando Novais ao jornal *Folha de S.Paulo*.

"Caracterizar a viagem de Cabral como a do 'descobrimento do Brasil' e a carta de Pero Vaz de Caminha como uma 'certidão de batismo' tem pressupostos que precisam ser discutidos. Há um etnocentrismo evidente que expressa a visão do conquistador, do vencedor. Os portugueses seriam o agente e os índios os 'descobertos', os protagonistas passivos do episódio. [...]

[...]

O Brasil é um povo que se constituiu numa nação, que por sua vez se organizou como Estado. Em 1500 não havia nenhuma dessas três coisas. Logo, não houve descobrimento do Brasil, porque o Brasil não existia nem estava encoberto. O que naquele momento surgiram foram as bases da colonização portuguesa, a qual por sua vez é a base da nossa formação. A história do Brasil é essencialmente a de uma colônia que se transformou numa nação. Logo, a colonização é a base de nossa história e nesse sentido Cabral é importante."

NATALI, João Batista. Não podemos nos transformar em índios. *Folha de S.Paulo*, São Paulo, 24 abr. 2000. Disponível em <http://mod.lk/cdy43>. Acesso em 10 out. 2018.

a) Qual é o tema tratado no texto?

b) Por que, segundo Novais, não podemos considerar o ano de 1500 como a data de "descobrimento do Brasil"?

4. Com base nos seus conhecimentos, você considera correto afirmar, como os portugueses o faziam, que os povos indígenas que habitavam o território correspondente ao do Brasil atual não eram civilizados? Explique sua resposta.

5. Complete o diagrama abaixo com informações sobre o início da colonização portuguesa no Brasil.

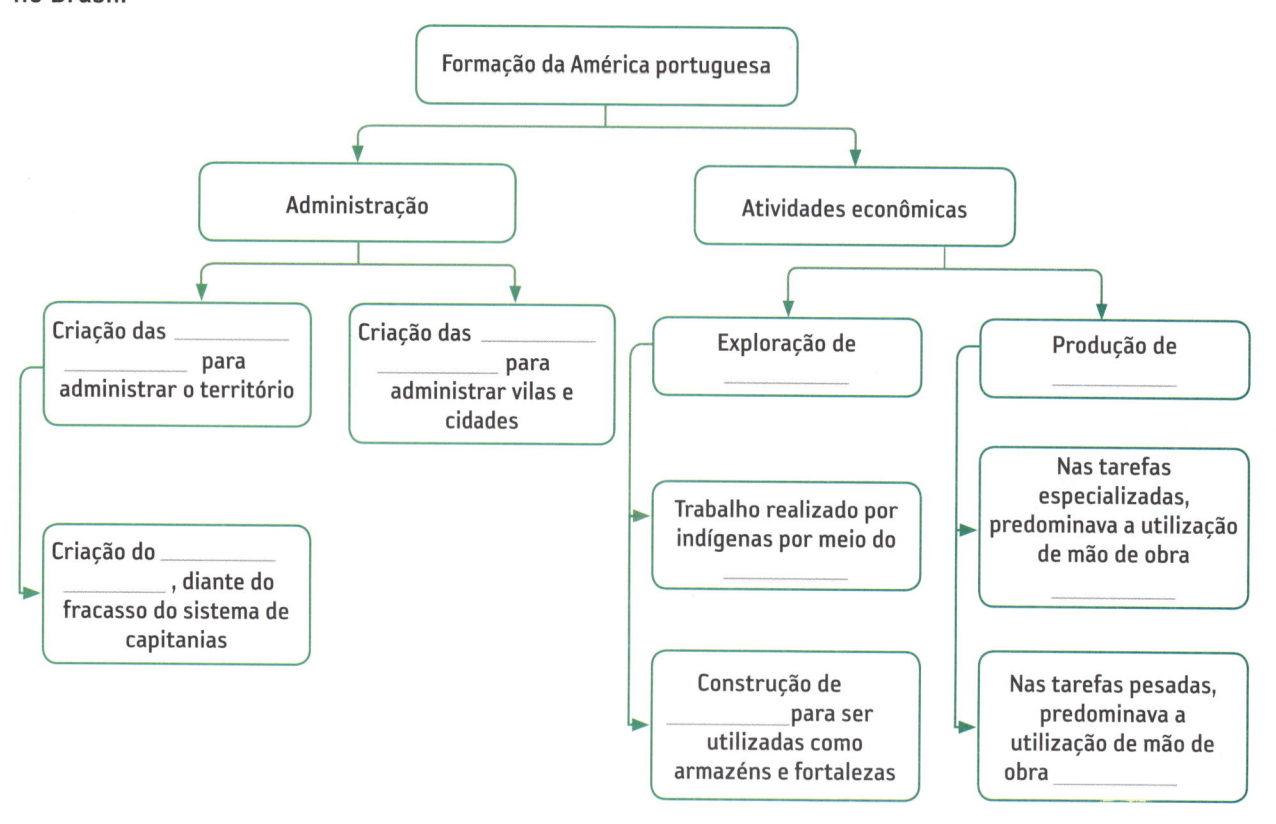

```
                    Formação da América portuguesa
                    /                            \
              Administração                 Atividades econômicas
              /          \                   /              \
    Criação das ___    Criação das ___   Exploração de      Produção de
    ___ para           ___ para          ___                ___
    administrar o      administrar
    território         vilas e cidades
                                                            Nas tarefas
                                                            especializadas,
                                                            predominava a utilização
                                                            de mão de obra ___
    Criação do ___                        Trabalho realizado
    ___, diante do                        por indígenas por
    fracasso do sistema                   meio do ___
    de capitanias
                                          Construção de      Nas tarefas pesadas,
                                          ___ para ser       predominava a
                                          utilizadas como    utilização de mão de
                                          armazéns e         obra ___
                                          fortalezas
```

6. Compare o mapa a seguir, elaborado no século XVI, com o mapa da página 42. Em seguida, responda às perguntas.

BRASIL, SÉCULO XVI

Brasil, mapa elaborado pelo cartógrafo italiano Giacomo Gastaldi no século XVI.

46

a) Que regiões do Brasil foram representadas no mapa de Gastaldi?

_____

_____

b) De acordo com o mapa da página 42, quais eram os povos indígenas que habitavam a área representada no mapa do século XVI?

_____

_____

c) Como os indígenas foram representados no mapa de Gastaldi?

_____

_____

7. Preencha o quadro com informações sobre a organização política da América portuguesa.

	Data e local de criação	Objetivos	Quem tomava as decisões
Capitanias hereditárias			
Câmaras municipais			
Governo-geral			

8. Relacione corretamente os termos a seguir a suas definições.

1. Resgate
2. Guerra justa
3. Missões
4. Descimento

( ) Recrutamento de indígenas, feito por missionários jesuítas, para os aldeamentos. Os que se negavam podiam ser escravizados.

( ) Compra, pelos portugueses, de indígenas capturados em conflitos com outros indígenas.

( ) Aldeamentos fundados em várias partes da colônia para evangelizar os nativos.

( ) Ação militar contra povos indígenas que os portugueses consideravam hostis, que se aliavam a outros europeus ou que resistiam aos aldeamentos.

9. Observe a imagem a seguir e leia a legenda.

Encontro entre tupinambás e maracajás, gravura publicada na obra *Singularidades da França Antártica*, de André Thévet, 1557. Frei franciscano, Thévet esteve na colônia francesa na Baía da Guanabara em 1555.

a) Descreva a situação representada na imagem.

_____
_____
_____

b) Com base em seus conhecimentos e nas informações da legenda da imagem, descreva o contexto em que o frei franciscano esteve no Brasil.

_____
_____
_____
_____
_____

10. Leia o texto a seguir e responda às perguntas.

"Pernambuco revelou-se a mais bem-sucedida de todas as capitanias. O donatário, Duarte Coelho, instalou-se com a família e dirigiu pessoalmente o povoamento e o desenvolvimento da colônia. As relações com os nativos da região foram facilitadas por uma série de uniões entre índias e colonos [...]. Duarte Coelho trabalhou ativamente em defesa de seus interesses de proprietário [...]. As cartas que enviou a Portugal permitem-nos traçar o progresso da atividade açucareira em Pernambuco."

SCHWARTZ, Stuart B. *Segredos internos*: engenhos e escravos na sociedade colonial, 1550-1835. São Paulo: Companhia das Letras, 1988. p. 33.

a) Segundo o texto, qual foi a mais bem-sucedida das capitanias no Brasil colonial?

_____

b) O que facilitou as relações entre colonos e indígenas na região?

_____

c) Que fontes históricas o autor do texto utilizou para estudar o desenvolvimento da atividade açucareira em Pernambuco?

_____

11. Observe a imagem a seguir e responda às perguntas.

Mapa de Pernambuco, incluindo Itamaracá, 1643, elaborado por Georg Marcgraf a partir de gravura de Frans Post.

a) Que atividades foram representadas na imagem?

_____
_____
_____
_____
_____

b) Como era a vida dos escravizados nos engenhos de açúcar?

_____
_____
_____
_____
_____

UNIDADE 6 AS TERRAS DO ATLÂNTICO INTERLIGADAS PELA ESCRAVIDÃO

RECAPITULANDO

TRABALHO ESCRAVO E TRABALHO SERVIL

Entre os séculos XVI e XIX, comerciantes europeus e americanos, visando ao lucro, promoveram o deslocamento forçado de milhões de africanos. Hoje, chamamos esse movimento populacional de **diáspora africana**.

A escravidão difere de outras formas de trabalho compulsório como a **servidão**, predominante na Europa medieval, porque ao ser escravizada a pessoa perdia o direito sobre a própria vida, o que não ocorria com o servo no sistema feudal. Juridicamente, o escravo era considerado um objeto, mercadoria ou instrumento de trabalho.

O servo tinha um grau de liberdade pessoal inacessível ao escravo, além de direitos, como ter a posse da terra à qual estava preso. Embora estivesse sob a autoridade do senhor, o servo não era sua propriedade, e não podia ser vendido.

A escravidão já existia nos reinos africanos quando os portugueses fizeram as primeiras incursões pela região. Nesses locais, a venda de escravos não era a atividade econômica central e os cativos podiam ser prisioneiros de guerra, criminosos ou pessoas endividadas.

Com a fundação de feitorias europeias na costa africana, a partir do final do século XV, a venda de escravos tornou-se uma atividade lucrativa e intercontinental. A **escravidão moderna**, como é conhecida, é marcada pela questão racial, pela enorme quantidade de pessoas escravizadas e pela grande importância econômica.

O TRÁFICO TRANSATLÂNTICO

No século XV, em Portugal já era utilizada a mão de obra escravizada africana na produção de açúcar na Ilha da Madeira e no Arquipélago dos Açores. O maior impulso ocorreu no século XVI, com a colonização da costa brasileira e o estabelecimento de rotas diretas entre a África e a América.

Portugueses e espanhóis dominaram o tráfico de africanos escravizados até meados do século XVII. Com a expansão da economia açucareira no Caribe, franceses, ingleses e holandeses entraram na disputa pelos mercados escravistas.

VISÃO GERAL DO TRÁFICO DE ESCRAVOS (1501-1866)

Fontes: *Voyages*: The Trans-Atlantic Slave Trade Database. Disponível em <http://mod.lk/0kdql>. Acesso em 21 mar. 2018.

A rede de tráfico de escravizados no Atlântico era composta de membros da elite mercantil, comerciantes, capitães de navios, marinheiros e armadores, e financiada por banqueiros europeus.

Na África, os agentes do tráfico dependiam de intérpretes, de carregadores de mercadorias e de traficantes locais. Soberanos e chefes africanos monopolizavam o fornecimento de cativos, e, associados aos europeus, atacavam vilas, aldeias e reinos rivais.

Em troca dos cativos, eram oferecidas mercadorias como conchas que circulavam como moedas, objetos de ferro e cobre, tabaco, armas de fogo e cavalos. Na América, os comerciantes vendiam escravos e compravam produtos que podiam ser revendidos na Europa, como açúcar e algodão, prática conhecida como **comércio triangular**.

O tráfico transatlântico de escravizados promoveu o maior deslocamento de pessoas a longa distância da história. Estima-se que os destinos de 95% dos desembarcados na América foram o Caribe e a América do Sul, e que 80% do total de escravizados foram empregados na produção de açúcar.

Para legitimar moral e juridicamente a prática da escravidão, os europeus se basearam no pensamento de juristas cristãos, em pensadores da Igreja, em textos de Aristóteles e no Direito romano, com o objetivo de justificar uma prática cruel com o argumento de que era justa, natural e até necessária.

No tráfico negreiro, o terror, o medo e a tortura eram comuns. As condições das viagens eram precárias: a alimentação era inadequada e os castigos eram frequentes, e muitas pessoas ficavam doentes ao longo da viagem. Aproximadamente 2 milhões de africanos morreram nos navios negreiros.

A ESCRAVIDÃO AFRICANA NO BRASIL

Os milhões de africanos escravizados trazidos para o Brasil foram classificados em dois grupos: **iorubá** (da África Ocidental) e **banto** (África Central e Centro-Ocidental).

O **Reino do Congo**, um dos maiores reinos bantos, formou-se por volta dos séculos XIII e XIV na África Centro-Ocidental. O Congo estava dividido em províncias e pequenas aldeias, todas controladas pelo mesmo rei (*mani congo*). A capital, M' Banza Congo, funcionava como um grande centro comercial para caravanas comerciais de toda a África.

Portugueses e congoleses estabeleceram, no século XV, longa parceria apoiada no comércio de escravizados. O símbolo dessa parceria foi a conversão do *mani congo* ao catolicismo após os primeiros contatos com os europeus.

Os quase 5 milhões de escravizados que entraram no Brasil foram comercializados nas praças mercantis e encaminhados ao trabalho nas lavouras, nas minas, nos serviços domésticos e nas atividades urbanas. Tanto no campo quanto na cidade, sofriam punições por desobediência ou baixa produtividade. O índice de mortalidade entre os escravos era elevado.

Estabelecidos no Brasil, os africanos escravizados entraram em contato com indígenas e europeus, resultando na construção da cultura afro-brasileira, que faz parte de nosso cotidiano até hoje. Mais da metade da população brasileira é descendente de africanos e a segunda maior população negra do mundo vive no país.

A resistência à escravidão ocorria de diversas maneiras. Algumas eram pacíficas, como a recusa em ter filhos ou a entrada em um estado de tristeza e apatia, chamado *banzo*. Outras eram violentas, como o assassinato de feitores, capitães do mato e familiares do senhor de engenho. A fuga para matas ou para os quilombos e a preservação da identidade e dos laços culturais também eram formas de resistência.

O encontro de escravizados de diversas partes da África nas senzalas e quilombos da América portuguesa promoveu intensas trocas de saberes, que originaram manifestações religiosas e culturais. Um exemplo está nas religiões de matriz africana, cujas práticas eram chamadas de *calundu* até o século XVIII.

Para evitar a perseguição da Igreja Católica, que via nas religiões de origem africana uma forma de feitiçaria, os escravizados associaram suas entidades religiosas a santos católicos, preservando parte de suas tradições nesse sincretismo religioso.

A ESCRAVIDÃO NO CARIBE E NOS ESTADOS UNIDOS

Aproximadamente 5 milhões de africanos foram levados para as colônias francesas, inglesas e espanholas da América Central, principalmente nos séculos XVII e XVIII. Com a produção de açúcar no Caribe e no território correspondente ao da atual Colômbia, muitos escravos foram vendidos nessas regiões.

Ao longo do século XVII, os ingleses tomaram as ilhas de Bermudas, de Barbados e da Jamaica dos espanhóis e iniciaram a produção de açúcar nesses locais.

Nesse mesmo período, desenvolveram-se as treze colônias inglesas na América do Norte, e logo comerciantes ingleses passaram a fornecer escravos para essas duas regiões. O comércio regular de escravos forneceu cerca de 400 mil africanos para as treze colônias, em sua maioria para as áreas de cultivo de algodão, no sul.

Em 1808, pouco tempo após a independência dos Estados Unidos, o tráfico foi proibido. Contudo, a população de escravos cresceu aceleradamente, chegando a quase 4 milhões em 1860, principalmente por causa dos altos índices de reprodução dos escravizados, estimulados pelos senhores a ter filhos.

São Domingos era a principal colônia francesa na América e uma das mais ricas do mundo (era a "Pérola das Antilhas"). Foi também o segundo maior centro de desembarque de cativos no Caribe, recebendo quase um milhão de escravizados entre os séculos XVII e XVIII.

No Caribe e nas treze colônias, houve muitas revoltas escravas, tentativas de fuga e outras formas de resistência. A maior rebelião ocorreu em São Domingos (colônia francesa), em 1791, e levou à independência do Haiti.

Nos Estados Unidos, as revoltas, as fugas e a formação de quilombos ocorriam com frequência. A abolição, contudo, só ocorreu após uma sangrenta guerra civil, em 1865.

No Brasil, nos Estados Unidos e no Caribe, o fim da escravidão não significou a igualdade de direitos para a população negra.

Teste e aprimore seus conhecimentos com as atividades a seguir.

1. Classifique as afirmativas a seguir em verdadeiras (V) ou falsas (F).

a) ( ) A servidão foi muito praticada na Europa medieval.
b) ( ) A única diferença entre a servidão e a escravidão está no nome.
c) ( ) Todas as formas de trabalho compulsório podem ser chamadas de escravidão.
d) ( ) A história da escravidão moderna começou com a fundação das colônias americanas.
e) ( ) O comércio de escravos não era uma prática importante na África até a chegada dos europeus.

2. Identifique com E as afirmativas que se referem aos escravos e com S as que dizem respeito aos servos.

a) ( ) Predominaram na Europa Ocidental durante a maior parte da Idade Média.
b) ( ) Eram camponeses presos à terra e sujeitos ao pagamento de tributos e ao cumprimento de várias obrigações para com o senhor.
c) ( ) Não eram donos da sua força de trabalho nem tinham o controle de sua vida, podendo ser vendidos, trocados ou alugados.
d) ( ) Foram a base da economia brasileira do período colonial, além de alimentar uma poderosa rede comercial, que enriqueceu principalmente mercadores europeus.
e) ( ) Não eram propriedade de ninguém e trabalhavam para o senhor em troca de proteção e de um pedaço de terra para garantir sua subsistência e a de sua família.

3. Preencha o quadro a seguir sobre o tráfico transatlântico de escravos.

Teve início com	
Era lucrativo para	
Em termos de deslocamento, o tráfico transatlântico foi	
A maior parte dos africanos foi levada para	

4. Preencha o quadro a seguir com o nome dos continentes de origem e de destino das mercadorias comercializadas no tráfico atlântico.

Mercadoria	Origem	Destino
Açúcar		
Escravos		
Tabaco		
Cachaça		
Ferramentas		
Tecidos		
Armas de fogo		
Zimbo e cauris		

5. Mencione dois aspectos da sociedade e da cultura do Brasil atual que se devem à influência dos povos africanos.

6. Leia o texto a seguir e responda às perguntas.

"Note-se, por exemplo, a muita africanização que vem fazendo do catolicismo, no Brasil, um culto repleto de símbolos, ritos, característicos que [...] juntam à sua origem europeia influências recebidas de crenças e de práticas religiosas do mais puro sabor africano. O culto da Virgem Maria que o diga, com suas assimilações do africano, de Iemanjá. Há, no Brasil, Nossas Senhoras, para os seus devotos, negras como a do Rosário ou pardas escuras como a de Guadalupe; e às quais se fazem promessas através de ex-votos que se constituíram, no Brasil, numa arte rústica de escultura em madeira e em barro, na sua maior parte muito mais africana do que europeia no seu modo de ser brasileira. Também essas promessas envolvem, na sua sacralização de cores, significados simbólicos dessas cores que serão, vários deles, mais africanos nas suas implicações do que europeus. [...]"

FREYRE, Gilberto. Aspectos da influência africana no Brasil. *Revista Del Cesla*, n. 7, 2005, p. 373. Disponível em <http://mod.lk/v7gb5>. Acesso em 8 nov. 2018.

Sacralizar: tornar sagrado.

a) Qual é o tema do texto?

_____

b) Que aspectos da cultura brasileira o autor utilizou para sustentar a afirmação de que as práticas católicas "juntam à sua origem europeia influências recebidas de crenças e de práticas religiosas do mais puro sabor africano"?

_____

_____

_____

c) Mencione outros costumes, hábitos e crenças brasileiros que foram influenciados pelas culturas africanas.

_____

_____

_____

7. Responda às perguntas a seguir.

a) De que maneiras os africanos escravizados e seus descendentes resistiram ao sistema escravista no Brasil?

_____

b) Em nossos dias, como os afrodescendentes lutam contra a discriminação racial e a desigualdade social legadas pela escravidão?

_____

_____

_____

_____

8. Observe a imagem ao lado e responda às perguntas.

O negro desconhecido, escultura Albert Mangonès, 1967. Porto Príncipe, Haiti.

a) Descreva a escultura, levando em consideração o autor, o período em que foi produzida, o título e a ação que o personagem parece fazer.

_____

_____

_____

b) Relacione o significado da estátua ao país onde está exposta.

_____

_____

_____

9. Assinale a alternativa correta sobre a escravidão moderna e o tráfico transatlântico.

a) O tráfico transatlântico de escravos promovido pelos europeus não alterou o cotidiano das comunidades africanas, pois a venda de escravos já era a atividade econômica mais importante no continente.

b) Antes da chegada dos portugueses, não havia comércio de escravos na África; apenas a reprodução dos que já existiam.

c) O comércio de escravos passou a ser uma atividade lucrativa e intercontinental a partir do século XIX, com a efetiva colonização do continente africano pelos europeus.

d) A escravidão foi praticada pela primeira vez na história no continente africano e na América portuguesa.

e) O tráfico regular de escravos africanos garantiu a manutenção do regime escravista no Brasil por mais de três séculos.

10. No texto a seguir são mencionados alguns problemas que os estudiosos da História da África encontram ao trabalhar com documentos escritos. Leia-o e responda às perguntas.

"Livros sobre a África e os africanos foram escritos por missionários, comerciantes, funcionários públicos, oficiais da marinha e do exército, cônsules, exploradores, viajantes, colonizadores e, alguns, por aventureiros e prisioneiros de guerra. Cada qual tinha seus próprios interesses; assim sendo, os propósitos e abordagens variam consideravelmente. [...].

[...]

Os missionários dispensavam alguma atenção às religiões africanas, mas em sua maioria careciam da habilidade e boa vontade para compreendê-las, e estavam preocupados principalmente em expor seus "erros" e "barbarismo"; por outro lado, eles conheciam as línguas locais, estando, portanto, numa posição melhor que os outros para apreender a estrutura social. Às vezes demonstravam interesse pela história, passando então a coletar as tradições orais locais."

HRBEK, Ivan. As fontes escritas a partir do século XV. In: KI-ZERBO, Joseph (Ed.). *História geral da África*: metodologia e pré-história da África. Brasília: Unesco/MEC, 2010. v. 1. p. 122.

a) Segundo o texto, como o ponto de vista dos europeus que escreveram sobre a África interfere no estudo das sociedades desse continente?

_____

_____

_____

b) O problema descrito no texto também ocorre nos estudos sobre a cultura afro-brasileira?

11. Leia o texto a seguir.

"A escravidão não é uma história que ficou no passado. Retirados de suas terras, povos, famílias, línguas e costumes para viverem acorrentados e em trabalho forçado em uma terra desconhecida, os prisioneiros africanos importados para o Brasil levaram em seus corpos as marcas da violência física e moral [...]. Atualmente, [...] o estigma do sistema escravocrata [...] está nos morros, na violência urbana [...]. A escravidão atinge o escravo, o senhor, o trabalhador livre e todo o ambiente que a favoreceu."

JÚNIOR, Roberto Barreto M. e Silva; JOVITA, Maria Eduarda. SANTOS, Marytania Ribeiro dos. A violência e as consequências perversas da escravidão: uma leitura de sala de aula. *Revista Húmus*, v. 7, n. 21, 2017, p. 15. Disponível em <http://mod.lk/ebfhq>. Acesso em 8 nov. 2018.

Estigma: marca.

a) De acordo com os autores, que tipos de violência os africanos sofreram ao serem escravizados e vendidos no Brasil?

b) Você concorda com a relação que os autores estabelecem entre a existência da escravidão no século XIX e a existência de altos índices de violência urbana em nossos dias? Justifique.

c) Elabore um parágrafo explicando por que a escravidão fere a liberdade e a dignidade das pessoas.

12. Leia o texto a seguir, sobre a vida de um africano escravizado no século XVIII, e responda à questão.

"Em 1658, um africano escravizado, que atendia pelo nome de Ignácio Angola, apresentou-se diante da Santa Inquisição estabelecida na cidade de Cartagena. [...] Os detalhes que Ignácio apresentou sobre sua vida revelam uma ampla familiaridade cultural com as crenças cristãs e tradições culturais europeias. Isso era comum entre muitos centro-africanos escravizados que partiam para as Américas [...]. Ignácio testemunhou que foi batizado no reino de Angola, comprado juntamente com um companheiro, Alonzo Angola, e foram levados ambos para Cartagena. Ao chegar, recebeu instruções religiosas adicionais, nas 'preces e mistérios', e foi confirmado na catedral."

HEYWOOD, Linda. *Diáspora negra no Brasil*. São Paulo: Contexto, 2008. p. 11.

Sabendo que a cidade de Cartagena fica na Colômbia, responda: que atividade econômica era desenvolvida nessa região para que houvesse importação de escravos?

UNIDADE 7 CRISE NA EUROPA E REAÇÕES NA COLÔNIA

RECAPITULANDO

A CRISE DO SÉCULO XVII NA EUROPA: O ESGOTAMENTO DO MERCANTILISMO

Nos séculos XVI e XVII, a centralização do poder real deu origem à **monarquia absolutista**. O rei tinha autonomia para criar leis e impostos, vender cargos públicos, administrar a justiça, as finanças, as colônias, o comércio e outros departamentos do Estado, além de comandar o exército. Os principais teóricos do absolutismo foram Thomas Hobbes (1588-1679) e Jacques Bossuet (1627-1704).

Em Portugal e na Espanha, a formação do absolutismo ocorreu de forma paralela à expansão dos impérios coloniais. Ao longo do século XVI, esses reinos passaram a depender do **exclusivo comercial metropolitano** das colônias, que, além de serem fontes de metais preciosos e fornecerem produtos agrícolas à Europa, eram grandes consumidoras dos produtos metropolitanos.

No século XVII, outros países europeus, principalmente a França, a Inglaterra e a Holanda, entraram na disputa pela exploração do continente americano. Essa disputa aprofundou conflitos anteriores e gerou novas guerras.

Em 1581, as províncias protestantes do norte dos Países Baixos, que estavam sob domínio da Espanha, declararam independência e formaram a **República das Províncias Unidas**. No conflito que se seguiu, diversos Estados europeus se uniram contra a Espanha, que foi derrotada e reconheceu, em 1648, a independência da Holanda (como o país é conhecido no Brasil).

A CRISE E A DEPENDÊNCIA PORTUGUESA

A morte do rei D. Sebastião, em 1578, deu início à crise de sucessão dinástica que levou o rei Felipe II da Espanha ao trono português, formando a **União Ibérica** (1580).

Os holandeses eram os financiadores da produção de açúcar na América portuguesa e estavam em guerra contra a Espanha. Quando foram excluídos dos negócios açucareiros, eles atacaram domínios ibéricos na África, na Ásia e na América.

O litoral pernambucano foi atacado em 1630 e ocupado em 1635. Recife tornou-se sede do governo holandês e a cidade recebeu vários melhoramentos. Intelectuais e artistas holandeses estudaram e retrataram os grupos humanos do Brasil. Protestantes, os holandeses permitiram a prática pública de cultos de várias religiões.

A principal autoridade holandesa na região foi Maurício de Nassau, que governou entre 1637 e 1644. Ele estabeleceu alianças com fazendeiros para que a produção de açúcar fosse retomada e consolidou a conquista do Nordeste.

Em 1640, Portugal recuperou sua independência e D. João IV foi proclamado rei. A Espanha não aceitou a decisão, travando uma guerra, chamada de **Guerra de Restauração** (1640-1668), que agravaria ainda mais a crise portuguesa.

O processo de expulsão dos holandeses do Brasil, conhecido como **Insurreição Pernambucana**, teve início em 1645. Os pernambucanos mobilizaram senhores de engenho, indígenas, escravos e libertos. As forças holandesas tiveram o apoio de indígenas Tapuia e de alguns senhores de engenho. Em 1654 os holandeses se retiraram de Pernambuco, mas somente em 1661 a Holanda reconheceu a soberania portuguesa sobre o Nordeste, mediante uma indenização.

No período, Portugal, além de perder o monopólio do comércio de especiarias e do açúcar, foi afetado pelo enfraquecimento do tráfico de escravizados no Atlântico.

Linha do tempo

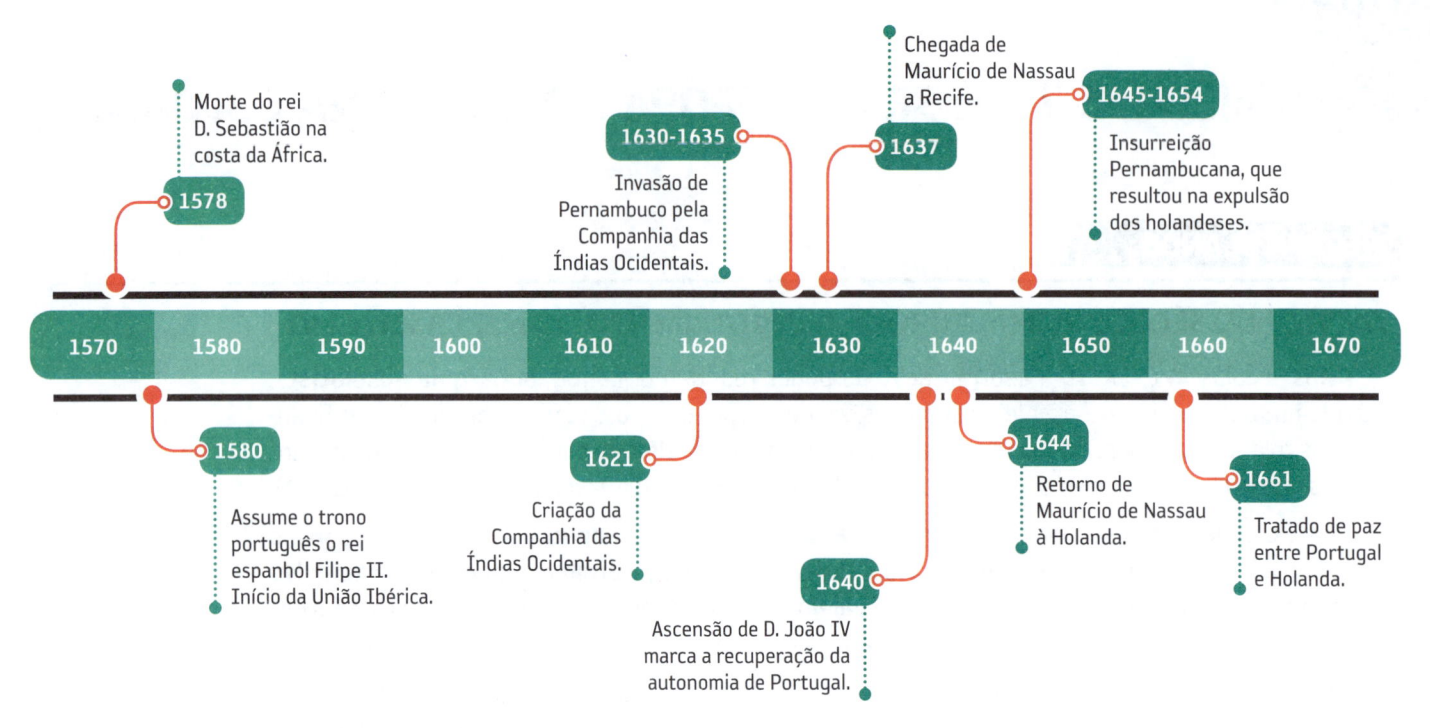

- **1578** — Morte do rei D. Sebastião na costa da África.
- **1580** — Assume o trono português o rei espanhol Filipe II. Início da União Ibérica.
- **1621** — Criação da Companhia das Índias Ocidentais.
- **1630-1635** — Invasão de Pernambuco pela Companhia das Índias Ocidentais.
- **1637** — Chegada de Maurício de Nassau a Recife.
- **1640** — Ascensão de D. João IV marca a recuperação da autonomia de Portugal.
- **1644** — Retorno de Maurício de Nassau à Holanda.
- **1645-1654** — Insurreição Pernambucana, que resultou na expulsão dos holandeses.
- **1661** — Tratado de paz entre Portugal e Holanda.

O AUMENTO DO CONTROLE PORTUGUÊS NA COLÔNIA AMERICANA

Quando retomou sua autonomia política, Portugal ficou em uma situação delicada. Os gastos com importação de alimentos e com a manutenção da burocracia fragilizavam a economia do reino. Além disso, Portugal também estava em guerra contra a Espanha e a Holanda.

Assim, em 1642, a Coroa portuguesa criou o **Conselho Ultramarino**, encarregado de ampliar o controle sobre os domínios coloniais. Produtos que antes eram comercializados livremente pelos colonos passaram a ser monopólio real.

A Coroa também criou a **Companhia Geral de Comércio do Brasil**, em 1649, que monopolizou o comércio de alguns produtos entre o Rio Grande do Norte e o sul da colônia, e a **Companhia de Comércio do Estado do Maranhão**, em 1682, para abastecer os proprietários da região com escravizados africanos.

Outras medidas ainda foram tomadas por Portugal, como a transferência do controle das Câmaras Municipais para um juiz de fora indicado pelo rei.

Portugal também buscou aliados para reestabelecer seu comércio com as colônias. Por meio do **Tratado de Paz e Aliança** (1654), os ingleses se comprometeram a contribuir para a expulsão dos holandeses do Brasil. E em troca, Portugal autorizou embarcações britânicas a comercializar nas colônias lusitanas.

A situação financeira de Portugal não melhorou muito com a expulsão dos holandeses de Pernambuco, em 1654. Por causa da produção açucareira holandesa nas Antilhas, o preço do produto caiu nos mercados internacionais e a atividade já não era mais tão lucrativa.

REBELIÕES NA COLÔNIA

As reformas realizadas pela Coroa portuguesa na administração colonial descontentaram os colonos, que foram obrigados a respeitar as regras comerciais impostas pelas companhias de comércio. Em razão disso, eclodiram algumas revoltas a partir do fim do século XVII.

Em 1684, os irmãos e senhores de engenho Manuel e Thomas Beckman lideraram a **Revolta de Beckman**. O levante foi apoiado por proprietários de terras que se sentiram prejudicados pela proibição, em 1680, da escravidão de indígenas. O movimento foi sufocado pelas forças da Coroa, e os líderes foram punidos com execução ou degredo.

A **Guerra dos Mascates** foi provocada pela insatisfação dos comerciantes de Recife, que exigiam participação no governo da capitania. Quando Recife foi elevada à categoria de vila, em 1710, os senhores de engenho de Olinda iniciaram uma revolta armada contra os mascates (comerciantes de Recife). Os mascates e a Coroa venceram os enfrentamentos, e Recife tornou-se sede da capitania de Pernambuco, em 1711.

Outras rebeliões ocorreram pela resistência à escravização nas colônias. Os escravizados adotaram diversas estratégias para se libertar, como a formação de **mocambos** e **quilombos**, locais nos quais podiam reconstruir o modo de vida que levavam quando estavam na África.

O maior e mais duradouro dos quilombos do Brasil foi o de **Palmares** (ou União dos Palmares), localizado ao longo da Serra da Barriga, no atual estado de Alagoas. O quilombo era formado por um conjunto de mocambos e apresentava complexa organização social e econômica. Em seu auge, chegou a abrigar 15 mil pessoas.

A partir de 1674, a Coroa portuguesa enviou tropas para destruir o quilombo, mas os palmarinos resistiram até a morte de Zumbi, em 20 de novembro 1695, deixando uma herança que motiva as lutas dos negros no Brasil contra o racismo, a violência e a desigualdade social.

QUILOMBOS NO BRASIL (SÉCULOS XVII AO XIX)

Fonte: *Brasil 500 anos*: atlas histórico. São Paulo: Três, 1998. p. 21.

Teste e aprimore seus conhecimentos com as atividades a seguir.

1. Assinale a alternativa correta sobre o mercantilismo no século XVII.

   a) As colônias europeias na América podiam vender seus produtos para qualquer reino europeu.
   b) O exclusivo comercial metropolitano não era um fator importante para a sustentação do mercantilismo.
   c) Para manter a balança comercial favorável, as metrópoles compravam mais mercadorias do que vendiam.
   d) Conflitos entre nações europeias foram decisivos para a crise do mercantilismo.
   e) Os gastos militares e a escassez de metais preciosos não têm relação com a crise do mercantilismo.

2. Classifique as afirmativas a seguir em verdadeiras (V) ou falsas (F).

   a) ( ) A centralização do poder real só ocorreu após a formação da monarquia absolutista e atingiu seu ponto culminante no século XVIII.
   b) ( ) O monarca absoluto tinha esse nome porque recebia do Parlamento todos os poderes necessários para elaborar leis.
   c) ( ) Nas monarquias ibéricas, a ascensão do absolutismo esteve relacionada ao estabelecimento de colônias na América, na Ásia e na África.
   d) ( ) O monarca absoluto exerce o poder em todas as esferas do reino, exceto na elaboração de leis, na administração da justiça e no comando do exército, que eram funções especializadas.
   e) ( ) No absolutismo, todo poder era exercido em nome do rei. Funcionários reais, juízes e soldados agiam em nome dele.

3. Complete o quadro a seguir com informações sobre a União Ibérica.

Acontecimento que deu início à crise de sucessão ao trono português	
Medida tomada pela Espanha para solucionar a crise	
Nome dado ao período em que as Coroas de Espanha e Portugal estiveram sob a mesma dinastia	
Principal consequência para Portugal	

4. Observe o detalhe de uma pintura de Frans Post, artista holandês que esteve no Brasil no século XVII para retratar a fauna, a flora, as pessoas e as paisagens do Nordeste. Em seguida, faça o que se pede.

Detalhe da pintura *Paisagem de várzea com engenho*, de Frans Post, c. 1661.

a) Descreva as pessoas representadas na imagem, incluindo suas vestimentas e o que aparentam estar fazendo.

_____

_____

_____

_____

_____

b) O que a imagem revela sobre a diversidade étnica do Brasil no século XVII?

_____

_____

_____

c) O que a imagem revela sobre a organização social do Brasil colonial?

_____

_____

_____

5. Numere as frases abaixo para que formem um texto coerente.

(   ) A Insurreição Pernambucana durou de 1645 a 1654. A paz com a Holanda só foi assinada em 1661.

(   ) O nobre holandês João Maurício de Nassau chegou à América portuguesa em 1637 para governar a colônia recém-adquirida e supervisionar a produção local de açúcar.

(   ) Os holandeses invadiram Pernambuco em 1630 e nos anos seguintes expandiram seu domínio para o norte, em direção ao Rio Grande do Norte, e ao sul, em direção à Bahia.

(   ) Em 1644, sete anos após chegar ao Brasil, Nassau retornou à Europa.

(   ) Nesse período, a Coroa portuguesa havia retomado sua autonomia e buscava articular uma rebelião contra os holandeses no Brasil.

(   ) Nassau fez acordos com os senhores de engenho, perdoando dívidas e concedendo empréstimos. Assim, ele esperava retomar a produção de açúcar rapidamente.

6. Leia o texto a seguir e responda às perguntas.

"[...] em 1640, num movimento pela restauração do trono português, D. João IV foi aclamado rei pelas Cortes, o que pôs fim à união com a Espanha, mas não impediu que as relações entre Portugal e Holanda continuassem alteradas. Os holandeses então ocupavam uma parte importante do território do Brasil e não davam mostras de que de lá pretendiam sair. Por conta disso, as outrora pacíficas relações, anteriores a 1580, não seriam mais retomadas."

SCHWARCZ, Lilia M.; STARLING, Heloisa M. *Brasil: uma biografia*. São Paulo: Companhia das Letras, 2015. p. 62.

a) De acordo com o texto, por que Portugal e Holanda mantiveram os conflitos iniciados durante a União Ibérica?

_____

_____

_____

b) Qual foi o principal fator para a expulsão dos holandeses do Nordeste?

_____

_____

_____

7. Complete o esquema sobre as medidas tomadas por Portugal para recuperar sua economia.

```
                    Portugal: medidas para
                       superar a crise
        ┌──────────────┬──────────────┬──────────────┐
        ▼              ▼              ▼              ▼
  Criação do____    Tratado de     Criação da    Retirada da
                    Paz e Aliança  ____          autonomia
  ____,            com a ____,                   das ____
  em 1642          em 1654        ____, em 1649  ____ na colônia
```

8. Relacione as rebeliões ocorridas na América portuguesa às descrições correspondentes.

1. Revolta de Beckman
2. Guerra dos Mascates
3. Revolta do Maneta

( ) A elevação de Recife à categoria de vila provocou a reação dos senhores de engenho de Olinda.

( ) Teve origem no aumento de impostos pagos pelos colonos em atividades comerciais. A população de Salvador iniciou um levante contra a medida.

( ) Provocada pela proibição da escravização indígena no Maranhão e pelo baixo fornecimento de africanos escravizados, que desencadeou a insatisfação de senhores de engenho e proprietários de terras.

9. Responda às perguntas a seguir, sobre a resistência africana à escravidão.

a) Que estratégias os africanos utilizavam para resistir à escravidão?

b) É possível afirmar que a resistência dos africanos escravizados foi importante para a formação do Brasil? Justifique.

10. Em uma entrevista concedida em 2010, o historiador e escritor Joel Rufino dos Santos salientou, a respeito do quilombo de Palmares, a durabilidade de sua existência. Leia um trecho da entrevista e responda às perguntas.

"[...] Se a gente pensar que o Brasil tem cinco séculos, é o capítulo mais importante da história social do país, pela sua duração. [...] por que demorou tanto tempo para emergir? [...] Palmares era um tabu [...], que ficava trancado pela consciência conservadora. No fim dos anos 70, alguns historiadores começaram a revelar essa história. Como Décio Freitas, por exemplo [...]. Ele conseguiu reunir uma documentação que lhe permitiu escrever o primeiro livro de impacto sobre Palmares, que foi A guerra dos escravos. Outro avanço veio de um filme do Cacá Diegues, feito nos anos 80, chamado Quilombo. Cacá partiu desse livro do Décio, consultou outros historiadores e fez um filme [...] no qual já surgem alguns elementos sobre Palmares de que não se falava antes. [...] Por último, vou citar o movimento negro, que descobriu Palmares nos anos 80 e transformou a Serra da Barriga em local de peregrinação. Hoje, o quilombo é visitado por muita gente, [...] do mundo todo. Quando o movimento negro descobriu Palmares, colocou Zumbi como uma bandeira. [...]"

PALMARES, a longa resistência. Entrevista com Joel Rufino dos Santos. *Carta Capital*, 17 ago. 2010. Disponível em <http://mod.lk/57aqx>. Acesso em 8 nov. 2018.

a) Para o historiador, por que Palmares é o capítulo mais importante da história social do Brasil?

b) Que fatores contribuíram para que a história de Palmares viesse a público na década de 1970?

_____

_____

_____

11. Na história em quadrinhos (HQ) *Angola Janga: uma história de Palmares*, Marcelo D'Salete descreve o cotidiano do maior quilombo do Brasil. Observe os quadrinhos abaixo e indique os aspectos da cultura africana que o artista ilustrou.

Trecho da HQ *Angola Janga: uma história de Palmares*, de Marcelo D'Salete, publicada em 2017.

_____

_____

_____

_____

12. Observe o mapa da página 59 e responda.

a) Por que há mais quilombos nas regiões a leste do país?

_____

_____

_____

b) Você já ouviu falar de algum outro quilombo além do Quilombo dos Palmares? Se já, ele está listado no mapa?

_____

_____

_____

UNIDADE 8   A EXPANSÃO DA AMÉRICA PORTUGUESA

RECAPITULANDO

A PECUÁRIA AVANÇA PELO INTERIOR DA COLÔNIA

No século XVI, os colonizadores introduziram a pecuária bovina e de muares na América portuguesa. Dos bovinos, os colonos obtinham carne, couro e leite; os muares eram utilizados no transporte de carga.

Até as últimas décadas do século XVI, o gado bovino era criado no entorno dos engenhos. Para evitar que atrapalhasse a produção de açúcar, a Coroa proibiu essa atividade no litoral. Os criadores então adentraram o território em direção ao vale do Rio São Francisco, onde o gado era criado solto.

Entretanto, os rebanhos faziam longas caminhadas até as feiras, e a carne do gado, que emagrecia no caminho, era de baixa qualidade. Para solucionar o problema, os colonos instalaram fazendas próximo às feiras.

No sul da colônia, o gado bovino também era criado solto em grandes extensões de terra. Com a organização da pecuária em torno do comércio de carne, formaram-se as estâncias, fazendas onde o criador podia controlar o rebanho.

A EXPANSÃO DA PECUÁRIA (SÉCULOS XVI-XVIII)

Fonte: VICENTINO, Claudio. Atlas histórico: geral e do Brasil. São Paulo: Scipione, 2011. p. 102.

CONFLITOS E TROCAS CULTURAIS NO SERTÃO

O interior da colônia, chamado na época de sertão, começou a ser explorado pelos colonos portugueses ainda no século XVI. Nesse processo, eles enfrentaram obstáculos naturais e a resistência dos povos indígenas à presença de colonizadores no seu território.

Parte do esforço exploratório foi feito pelos padres da Companhia de Jesus. Entre os séculos XVI e XVIII, eles estabeleceram missões na América portuguesa e na América hispânica. Nesses locais, os religiosos catequizavam os indígenas e os obrigavam a viver de modo cristão, abandonando seus costumes tradicionais.

Ao catequizar os indígenas, os jesuítas os transformavam em trabalhadores para a própria missão ou para os colonos. Os indígenas aldeados também deviam combater os povos hostis à presença europeia.

As missões ligadas aos jesuítas portugueses se localizavam na costa do Nordeste e na região da bacia do rio Amazonas, ao norte. As missões hispânicas concentravam-se na bacia do Rio da Prata, nos atuais Paraguai, Argentina e oeste do estado do Rio Grande do Sul.

As principais atividades econômicas da vila de São Paulo no início do século XVII eram a pecuária e a agricultura, e os produtos dessas atividades eram vendidos em outras partes da colônia e na América hispânica.

A mão de obra que predominava nas plantações paulistas era a de indígenas escravizados após terem sido capturados nas **bandeiras**. Essas expedições eram lideradas por colonos, mas também contavam com centenas (ou mesmo milhares) de indígenas Tupi e Tupiniquim. Os conhecimentos indígenas do território e da natureza foram essenciais para as bandeiras que, além de capturar indígenas, exploravam o território e buscavam metais preciosos.

Com as expedições de captura de indígenas para o trabalho, os interesses da Companhia de Jesus e os dos colonizadores se chocaram. Desrespeitando a lei de 1570, que proibia a escravização de indígenas pacíficos, os bandeirantes paulistas promoveram, entre 1610 e 1640, vários ataques às aldeias Guarani e às missões jesuíticas da região do Guairá (noroeste do atual Paraná). Entre 1628 e 1640, retiraram de lá à força cerca de 60 mil indígenas Guarani para ser escravizados.

A DESCOBERTA DE OURO NAS MINAS GERAIS

No final do século XVII, bandeirantes encontraram **jazidas de ouro** no território correspondente ao do atual estado de Minas Gerais. Milhares de pessoas, reinóis e de outras partes da colônia, atraídas pela descoberta, dirigiram-se para as minas. Com isso, administrar a produção e a circulação do ouro se tornou um desafio para a Coroa portuguesa.

Os paulistas reivindicaram o direito de exclusividade na extração do ouro e entraram em conflito com todos aqueles que chegaram à região depois deles, chamando-os de estrangeiros, ou, de forma pejorativa, **emboabas**. A Guerra dos Emboabas (1707-1709), que se seguiu, foi vencida pelos "estrangeiros" e obrigou os paulistas a dividir a exploração mineral.

A mineração não se restringiu à região próxima das atuais cidades de Ouro Preto, Sabará e Mariana. Nas primeiras décadas do século XVIII, foram descobertas jazidas de ouro no território correspondente ao dos atuais estados de Goiás e de Mato Grosso. No norte de Minas, no arraial do Tejuco, foram descobertos diamantes, o que levou à criação do Distrito Diamantino, região isolada da América portuguesa.

Para melhorar a fiscalização e a tributação da exploração mineral, a Coroa portuguesa fundou vilas e cidades, além da **capitania de São Paulo e Minas do Ouro**, em 1709. Somaram-se às Câmaras Municipais órgãos como a Intendência das Minas.

Quando uma nova jazida era descoberta, as autoridades coloniais distribuíam **datas**, áreas de exploração do ouro de aluvião (encontrado nos leitos e nas margens dos rios). Quanto maior era a renda e a quantidade de escravos do colono, mais datas ele obtinha.

O **quinto** era o principal imposto sobre a atividade mineradora. Correspondia à entrega à Coroa de 20% de todo o ouro encontrado. Para garantir a cobrança desse imposto, a Coroa criou as **Casas de Fundição**, locais para onde todo o ouro obtido devia ser encaminhado. Após quintado, o ouro era fundido em barra e recebia o selo real.

A **capitação**, em vigor entre 1735 e 1750, estipulava a cobrança anual do equivalente a 17 gramas de ouro por escravo. Diante da dificuldade para cobrar esse imposto, a Coroa estabeleceu uma cota de 100 arrobas (aproximadamente 1.500 quilos) anuais para toda a área mineradora. Caso essa cota não fosse cumprida, a Coroa poderia cobrar a **derrama**, em que toda a população da capitania deveria pagar o imposto atrasado com os próprios recursos.

Diante da notícia de que seria instalada uma Casa de Fundição em Vila Rica, em 1720, iniciou-se uma revolta da qual participaram 2 mil mineiros liderados pelo português Filipe dos Santos. Os revoltosos exigiam a revogação da medida, mas o governo reprimiu o movimento, condenando seu líder ao enforcamento. Em reação ao ocorrido, a Coroa criou a **capitania de Minas Gerais**, separada da de São Paulo.

A SOCIEDADE MINEIRA: DIVISÃO SOCIAL, ARTE E FÉ

A sociedade que se formou nas Minas Gerais era mais populosa, urbanizada e diversificada que a do Nordeste açucareiro. A distribuição de renda era menos desigual e o avanço do setor de serviços contribuía para que alguma **mobilidade social** fosse possível.

O estrato mais rico da sociedade mineira era formado pelos proprietários de grandes lavras mineradoras, os contratadores, os altos funcionários da Coroa e os grandes comerciantes. As camadas intermediárias eram compostas de pequenos comerciantes, faiscadores, roceiros, profissionais liberais e artistas, e a maior parte da população era composta de pessoas livres pobres e africanos escravizados.

O crescimento da atividade mineradora estimulou a comercialização de escravizados africanos. A vida dos escravizados nas minas era mais difícil do que a daqueles que trabalhavam nos centros urbanos, pois estavam mais sujeitos a doenças devido ao ambiente insalubre. Aqueles que trabalhavam como escravos de ganho podiam comprar a alforria.

A religiosidade girava em torno das irmandades religiosas, que se formaram após a expulsão das ordens em 1705. Cada irmandade dedicava-se ao culto de um santo e reunia determinado grupo social: havia a irmandade de negros escravizados, de homens brancos ricos, entre outras, que promoviam formas de solidariedade entre os seus membros.

Nessa sociedade, desenvolveu-se um estilo artístico conhecido como **Barroco mineiro**, que se destacava pela intensa ornamentação de igrejas de pequeno porte, pela harmonia dos traços nas esculturas e pelo uso da pedra-sabão. O dourado era utilizado ao lado de cores com tons fortes e alegres. Um dos principais representantes do barroco mineiro foi Antônio Francisco Lisboa (c. 1738--1814), o **Aleijadinho**, filho de uma africana escravizada e de um comerciante português.

Teste e aprimore seus conhecimentos com as atividades a seguir.

1. Numere as frases a seguir para formar um texto coerente.

( ) O gado bovino passou a ser criado longe dos locais onde era vendido, o que prejudicava a qualidade da carne.

( ) Os colonizadores trouxeram gados bovino e muar para o Brasil.

( ) Como o açúcar era uma mercadoria valorizada no mercado internacional, a pecuária não era prioridade.

( ) Para que os bois engordassem, os colonos abriram fazendas próximas às feiras nas quais comercializavam o gado.

( ) A pecuária tornou-se importante atividade econômica da colônia.

2. Com base no mapa da página 65, faça as atividades sobre a pecuária na América portuguesa.

a) Indique as áreas da América portuguesa em que se praticava a pecuária no século XVI.

___

b) Para que regiões a pecuária se expandiu nos séculos XVII e XVIII?

___

___

___

c) Quais eram as principais diferenças entre a pecuária praticada no norte e a desenvolvida no sul da América portuguesa?

___

___

___

3. Com base no texto a seguir, classifique as informações em verdadeiras (V) e falsas (F).

"Montoya, que tanto os hostilizou, reconhecia que caminhavam pelo mato como se estivessem nas ruas de Madri, sempre aptos a providenciar comida [...] e os melhores lugares para se achar alimento – fosse nas roças dos índios, fosse nas colmeias da floresta, que aprenderam, com aqueles, a localizar, e que se mostraram particularmente numerosas no vale do Rio Tietê."

SOUZA, Laura de Mello e. *Formas provisórias de existência*: a vida cotidiana nos caminhos, nas fronteiras e nas fortificações. São Paulo: Companhia das Letras, 1997. p. 47.

( ) O texto descreve a habilidade dos africanos escravizados que escaparam das plantações de trigo de São Paulo durante o século XVII.

( ) Os indígenas aliados aos bandeirantes paulistas ensinaram muitas das suas técnicas tradicionais aos colonos europeus.

( ) O jesuíta espanhol reconheceu a versatilidade dos exploradores paulistas, que se portavam bem nas matas e nas ruas movimentadas da metrópole espanhola.

( ) Embora reconhecesse a habilidade dos bandeirantes, o jesuíta criticava o objetivo das suas expedições.

4. Complete o quadro a seguir com informações sobre as missões jesuíticas.

Quem comandava:	
Objetivo das missões:	
Onde estavam localizadas:	
Século em que se estabeleceram:	

5. A escultura ao lado foi feita no século XVIII por um indígena em uma oficina jesuítica da Igreja de São Francisco Xavier, em Belém, no Pará. Observe a imagem e a relacione ao contexto de expansão da colonização portuguesa na América.

_____
_____
_____
_____
_____

Anjo portador de tocha, escultura de artista indígena desconhecido, século XVIII.

6. Leia a tirinha a seguir e responda às perguntas.

Sabores da oca, tirinha de Scabini e Bernard, 2012.

a) Identifique o tema central da tirinha.

_____
_____

b) Que preceito da doutrina cristã o religioso está tentando ensinar ao indígena?

_____
_____

c) O que a fala do indígena no terceiro quadrinho revela sobre sua crença?

_____
_____

7. Complete o quadro a seguir com informações sobre as bandeiras e os bandeirantes.

Bandeiras	
O que eram?	
Quando ocorreram?	
Quando e onde se formaram?	
Quais eram os principais objetivos dos bandeirantes?	
Qual foi a principal consequência do bandeirantismo?	

8. A ilustração reproduzida a seguir é de Carlos Julião, um italiano que trabalhou como engenheiro no exército português e registrou cenas do cotidiano dos habitantes da capitania de Minas Gerais do século XVIII. Observe a imagem e faça o que se pede.

Serro Frio, ilustração de Carlos Julião, século XVIII.

a) Descreva a imagem indicando o que faziam as pessoas representadas e de que grupos sociais elas participavam.

b) Qual era o impacto do trabalho de mineração na saúde dos trabalhadores escravizados?

_____
_____
_____

9. Encontre, no diagrama abaixo, seis palavras sobre a mineração no Brasil colonial.

C	R	A	G	E	O	T	G	E	Q	Z	P	D
N	D	E	R	R	A	M	A	O	U	K	I	A
E	S	C	D	E	N	T	A	X	I	S	C	A
M	B	S	N	D	E	E	G	G	N	Ç	H	E
B	A	N	D	E	I	R	A	N	T	E	S	B
O	O	E	S	S	E	P	I	B	O	R	T	A
A	U	N	L	C	D	X	C	K	G	R	É	N
B	T	C	A	R	I	E	S	C	O	M	C	D
A	C	R	R	A	M	A	C	Z	U	I	C	Y
S	H	H	B	V	M	H	T	É	R	O	J	U
X	C	X	A	O	O	U	U	C	O	K	H	O

10. Leia o texto a seguir e faça o que se pede.

"Nas Minas, africanos, crioulos e mestiços libertos e seus descendentes nascidos livres tornaram-se mais numerosos que os brancos desde muito cedo. Não foram poucos os que experimentaram alguma ascensão econômica e prestígio social. Aliás, a mobilidade que marcou aquela sociedade setecentista foi alimentada continuamente por esse grupo de moradores. [...]"

PAIVA, Eduardo França. *Escravidão e universo cultural na colônia:*
Minas Gerais, 1716-1719. Belo Horizonte: Editora UFMG, 2006. p. 214.

a) De acordo com o trecho, que grupos sociais se beneficiaram da mobilidade social nas cidades mineradoras?

_____
_____
_____

b) Relacione urbanização e mobilidade social no contexto da sociedade mineradora.

_____
_____
_____

11. A imagem abaixo é de uma obra do Barroco mineiro. Observe-a e responda às perguntas.

Santa Ceia, pintura de Manuel da Costa Ataíde, 1828.

a) Explique, com base na imagem, a importância da religião para o desenvolvimento do Barroco mineiro.

_____
_____
_____
_____
_____

b) Quais características do Barroco mineiro podem ser identificadas na imagem?

_____
_____
_____
_____

12. As irmandades religiosas que se instalaram em Minas Gerais no século XVIII promoveram a construção de diversas igrejas, algumas delas luxuosas. Qual era a importância dessas instituições para a população mineira desse período?

_____
_____
_____